"十三五"高职高专规划教材 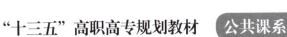公共课系列

中国传统文化概论

主　编　李轶天　杜　瑾　穆瑞锋

副主编　张海燕　乔　芳　喻富根

编　委　毛素文

湖南师范大学出版社

·长沙·

图书在版编目（CIP）数据

中国传统文化概论 / 李轶天，杜瑾，穆瑞锋主编 .
-- 长沙：湖南师范大学出版社，2018.9
ISBN 978-7-5648-3386-2

Ⅰ . ①中… Ⅱ . ①李… ②杜… ③穆… Ⅲ . ①中华文化—概论 Ⅳ . ① K203

中国版本图书馆 CIP 数据核字 (2018) 第 199995 号

ZHONGGUO CHUANTONG WENHUA GAILUN

中国传统文化概论

◇主编　李轶天　杜　瑾　穆瑞锋

◇责任编辑：张鸿韬　何海龙
◇责任校对：郝纪晓
◇出版发行：湖南师范大学出版社
　　　　　　地址 / 长沙市岳麓山　邮编 /410081
　　　　　　电话 /0731-88873071　88873070　传真 /0731-88872636
　　　　　　网址 /http://press. hunnu. edu. cn
◇印刷：廊坊市广阳区九州印刷厂
◇开本：787mm×1092mm　1/16
◇印张：13.5
◇字数：211 千字
◇版次：2018 年 9 月第 1 版　2018 年 9 月第 1 次印刷
◇书号：ISBN 978-7-5648-3386-2
◇定价：42.80 元

前言

面对科学技术的迅猛发展和世界各国的激烈竞争，面对世界范围内各种文化的相互激荡，面对人民群众日益增长的文化需要，学生不断学习中国传统文化，提高对中国传统文化知识的掌握程度，对大力推进中国特色社会主义文化建设具有非常重要的意义。

文化具有传承性，它直接影响着一个民族的精神气质和整体风貌。在不同的文化背景下，会形成各具特色的不同的社会体系。大学生应继承中华民族几千年来形成的优秀的中国传统文化，并将其与弘扬时代精神相结合，共同建设我们的精神文明。

《中国传统文化概论》讲述了中国传统文化、中国传统哲学、中国传统教育制度、中国传统审美文化、中国传统科技文化、中国传统行为文化以及中国传统民俗文化的相关内容，意在为大学生提供一个了解中国传统文化的机会，使学生对中国传统文化的发展和特征有所掌握，并对中国文化的继承和创新问题有所思考。

本书的理论基础秉承高职高专教材"实用为主，够用为度"的原则，基本知识采用广而不深、点到为止的方法。其中，文字叙述力求简明扼要，通俗易懂。

编者在借鉴并充分吸收其他优秀论文及学术研究文献的基础上，从实际应用的角度出发，对内容结构体系做了相应的改进，使本书紧贴实际需要，形成了自己的特色。由于编写时间紧迫以及编者学术知识水平的限制，书中难免存在疏漏之处，敬请广大读者批评指正。

编者

目录

1

第一章 中国传统文化概述

第一节　文化

一、文化的含义

"文化"是我们日常生活中使用频率最高的词汇之一，含义比较宽泛。中国古代的语言系统中很早就出现了"文化"一词。

在甲骨文中，"文"字如同一个人正面站着，这个人的胸口有一个交错的图案，图案较简单，可能是纹身，也可能是衣服上的花纹，这是"文"的初义。文是外在的、美好的东西，而它的美好也代表某种内在的东西，且和内在的东西一致。

甲骨文中"文"字的几种形式

"文"的本义为各色交错的纹理。《易·系辞下》载："物相杂，故曰文。"《礼记·乐记》称："五色成文而不乱。"《说文解字》称："文，错画也，象交文。"均指此义。

"化"，本义为改易、生成、造化、改变为。"文"与"化"并联使用，最早出自《易·贲卦·象传》："观乎天文以察时变，观乎人文以化成天下。"其中的"人文"在当时是人类社会关系的构成及其规律，包括文明礼仪、人伦道德等方面。"人文"与"化成天下"相结合，实际已具备了"以文教化"的"文化"一词的基本内涵。唐代孔颖达在《五经正义》一书中解释道："观乎人文以化成天下者，言圣人观察人文，则诗书礼乐之谓，当法此教而化成天下也。"其中的"文""化"是指以"人文"来"教化"。汉代以后，"文"与"化"方结合生成"文化"一词。汉代刘向在《说苑·指武》中说："圣人之治天下也，先文德而后武力。凡武之兴为不服也。文化不改，然后加诛。"南齐王融在《曲水诗序》中云："设神理以景俗，敷文化以柔远。"其中的"文化"指是以体现伦理道德、政治秩序的诗书礼乐来教化世人，与"武力""武功""野蛮"相对应。此词在当时包含一种正面的理想主义色彩，既有政治内容，又有伦理意义。可见，中国古代的"文化"乃主谓结构，指的是狭义的文化范畴。作为一种治理社会的方法和主张，"文化"既与武力征服相对立，又与武力征服相联系，二者相辅相成。这种所谓的"先礼后兵""文治武功"，即这种由政治主张构成的古代的"文治主义"对中国政治文化影响深远。

"文化"在汉语中实际是"人文教化"的简称。前提是有"人"才有文化，意即文化是讨论人类社会的专属词；"文"是基础和工具，包括语言或文字；"教化"是这个词的真正重心所在。作为名词的"教化"是人群精神活动和物质活动的共同规范，同时这一规范又在人类的精神活动和物质活动的对象化成果中得到体现；作为动词的"教化"是共同规范产生、传播、得到认同及传承的过程和手段。

1871 年，英国文化学家泰勒在《原始文化》一书中指出，文化是包括知识、信仰、艺术、道德、法律、习俗和任何人作为一名社会成员而获得的各种能力和习惯在内的复杂整体，这一观点在文化史的研究方面开了先河。

除此之外，罗森塔尔·尤金、梁漱溟、钱穆等人也曾定义过"文化"。

罗森塔尔·尤金认为："文化是人类在社会历史实践过程中所创造的物质财富与精神财富的总和。从比较狭隘的意义来讲，文化就是在历史上一定的物质资料生产方式的基础上发生和发展的社会精神生活形式的总和。"

梁漱溟先生认为，"文化就是吾人生活所依靠之一切""文化之本义，应在经济、政治，乃至一切无所不包"。

钱穆先生认为："文化即是人类生活之大整体，汇集起人类生活之全体即是文化。"

梁启超认为："文化者，人类心能所开释出来之有价值的共业也。"

蔡元培认为："文化是人的生活的体现之一，也就是人的创造性的改造劳动。文化是人生发展的状况。"

《法国大百科全书》认为："文化是一个社会群体的特有文明现象的总和。""文化是一个复合体，它包括知识、信仰、艺术、道德、法律、习俗，以及作为社会成员的人所具有的一切其他规范和习惯。"

综上所述，现代所谓的"文化"虽因研究的视角不同而众说纷纭，但在一定意义上可以归结为广义和狭义两种。广义的文化是指人类所创造的一切物质财富和精神财富，狭义的文化是指意识形态。

不论文化有多少定义，文化最核心的问题始终是人。文化的实质性含义是"人化"或"人类化"，文化是人类智慧和创造力的体现。人创造文化，享受文化，同时也受文化的约束，最终不断地改造文化。研究文化，其实主要是观察和研究人的创造思想、创造行为、创造心理、创造手段及最后成果。

二、文化的结构

笼统地说，文化是一种社会现象，是人们长期创造形成的产物，同时又是一种历史现象，是社会历史的积淀物。确切地说，文化是指一个国家或民族的历史、地理、风土人情、传统习俗、生活方式、文学艺术、行为规范、思维方式、价值观念等。

文化是一个复杂的总体，可以理解为一个具有不同层面并且各层面间相互作用的完整的系统。如美国学者克罗伯·克拉克洪所概括的："文化是包括各种外显或内显的行为模式；它通过符号的运用使人们习得及传授，并构成人类群体的显著成就，包括体现于人工制品中的成就；文化的核心包括由历史衍生及选择而成的传统观念，尤其是其价值观念；文化体系虽可被认为是人类活动的产物，但也可被视为限制人类做进一步活动的因素。"

文化的内部结构包括物质文化、制度文化、精神文化三个层次。

1. 物质文化

物质文化又称物态文化，是人类所从事的物质生产活动及其结果的总和，是构成整个文化的基础，是文化中最活跃的因素。物质文化以满足人类自身生存发展所必需的衣、食、住、行等各种条件为目标，直接反映人与自然的关系，反映人类对自然认识、利用和改造的程度和结果，包括可触知的具有物质实体的文化事物。

2. 制度文化

制度文化是人类在社会实践过程中所建立的各种行为规范、准则的总和，包括婚姻、家庭、政治、经济、宗教等制度。人的物质生产活动是一种社会活动,只有结成一定的社会关系才能进行。人类在创造物质财富的同时,又创造了一个属于他们自己、服务于他们自己同时又约束他们自己的社会环境,进而创造出一系列处理人与人之间相互关系的准则,并将它们规范为社会的经济制度、婚姻制度、家族制度、政治法律制度等。

3. 精神文化

精神文化又称心态文化,是人类在长期的社会实践和意识活动中孕育升华出来的价值观念、道德情操、审美情趣、思维方式、宗教情感、民族性格的总和,是文化整体的核心部分。精神文化具有较强的时代特征和民族特征。就文学艺术而言,人们在特定时代的愿望、要求、情趣必然通过当时的作品表现出来。以文学为例,中国人喜欢欣赏情节曲折生动、内容丰富的伦理叙事作品,西方人则更注重作品中人物深刻细致的心理刻画,更注重体味人物的精神生活。

综上所述,物质文化、制度文化、精神文化虽属文化构成的不同层次,但同属一个有机的整体,它们相互之间既有区别又有联系,既相互依存又相互渗透,既相互制约又相互推动。

三、文化的特征

文化是人类群体创造并共同享有的物质实体、价值观念、意义体系和行为方式,是人类群体的整个生活状态。文化的内隐部分为价值观和意义系统,外显形态为各种符号,这些符号主要体现为物质实体和行为方式。

从普遍联系的角度看,世界上任何民族的文化都有其特定的精神价值,都有一定的时代意义,都有对人类文明发展的特殊贡献。从文化的有机性来看,世界上不同民族的文化共同构成了人类文化不可分割的整体,任何民族文化都不可能脱离人类文明发展的康庄大道。从一般意义上讲,文化至少具有以下四个特征。

1. 时代性

对整个人类来说,文化是人的创造物;对特定时间和空间的人来说,文化主要体现为某个人既有的生存和发展框架。"每一个民族的文化世界,都是一个不断延续、不断发展的存在系统,这个永远处于演变状态的存在系统有它的过去、现在和将来。"人类文化是特定社会和特定时代的产物,是一个历史概念,不同的社会发展阶段必然有不同的时代文化。因此,文化的第一特征是时代性。

每一代人都生活在一个特定的历史文化环境下,他们很自然地从上一代那里继承传统文化,并根据时代需要对其进行改造,以使其适应新的时代需要。

从这个意义上讲,文化的时代性包含两方面的内容,即传承和变异。正是通过世代传承积累,人类文化才会日益丰富;正是通过不断变异更新,人类文化才会不断进步。从石器时代、青铜器时代、铁器时代、蒸汽机时代到现在的信息时代,这都是生产力发展水平和文化变异的结果。

文化的发展既有历史的连续性和稳定性,又有时代的变动性和现实性。任何民族的文化,就其内容而言,都是现实的时代精神的体现,都是前后相继的历史精神的延续。离开特定的时代,离开特定的社会实践条件,文化就会成为虚无缥缈的空中楼阁,成为不切实际的空谈。文化的发展正是从特定的时代精神中吸取养料,从一定历史阶段的丰富多彩的现实生活中提取必要的材料,才得以构成一定时代的文化内容和文化特质。

2. 地域性

文化随人类群体范围划分的不同体现出差异。人类活动必须借助一定的空间条件才能进行,不同地域的自然条件、历史传统和人的思维方式各不相同,自然就会产生不同的文化。因此,文化的第二特征是地域性。

差异是自然界和人类社会的普遍规律。就世界而言,东方文化、西方文化、非洲文化迥异;就亚洲而言,大陆文化、高原文化、草原文化、沙漠文化各具特色;就中国而言,中原文化、关中文化、齐鲁文化、巴蜀文化、荆楚文化、吴越文化、岭南文化、千差万别,这些都是因地域条件不同而产生的差别。

3. 民族性

不同民族的文化具有不同的特色,反映不同民族的个性。一个民族的文化决定着这一民族不同于其他民族的特殊的规定性,文化可以理解为每一个民族独一无二的特征、思维方式以及生活组织方式。当不同的社会中小团体整合为社会集团的时候,这种以社会集团利益为活动目的的社会文化便自然地带有民族文化的特征。特定民族所恪守的共同语言、风俗、习惯、性格、心理及利益,是民族文化的突出表现。文化的民族性能够反映特定民族的民族精神。民族精神是一个民族发展的内在凝聚力和推动力的集中表现,是不同民族文化的风格、气质相互区别的重要依据。文化的民族性反映特定民族的价值追求、理想情操,是该民族精神力量和国民品性的体现。因此,透过文化的民族性,我们可以审视并进而把握特定民族的民族精神,同时通过对特定民族的民族精神的解析,我们可以理解并厘清该民族文化的民族性。例如,中国传统文化属于趋善求治的伦理政治型文化,那么,文化的民族性便首先表现为道德修养的至高无上性和广泛性,以及政治追求的自觉性和普遍性。作为民族文化类型基本构成和外在表现的儒、道、墨、法诸家思想,共同凝聚为与别的民族文化迥然不同的精神价值,体现了趋善求治的伦理政治型文化的独特风貌。作为民族文化心理重要表现的重义轻利、求稳怕变、重协同而轻竞争等精神,同样体现了风格独异的伦理政治型文化的特质。

4.超自然性

文化,必须是"人化",有人的活动痕迹,这是与"自然"相对的概念。纯粹的自然物和自然现象不属于文化,把自然加工改造成物质或精神产品,打上人类心智的印记才是文化。文化即"人化",即依照人的价值、人的理想改变世界和人本身,使之趋向美、善、益、雅、自由、崇高。与自然相比较,文化是对天然、自然状态的否定与扬弃,是对本能、兽性、蒙昧等"非人"特性的否定与扬弃。文化意味着让人的生存状态更自由,让人的生存状态更完美和完善。日月星辰、风云雷电等原本不属于文化范畴,但面对日月星辰的运转,风云雷电的变幻,人们一方面感到惊恐惶惑,另一方面又激起了控制它们的欲望,于是在想象中把它们人格化,创造出有关日月星辰、风云雷电的神话,这就形成文化了;山川河流、花草树木原本也不属于文化,但人们在一些高山峻岭上刻字作画,建寺造观,编出一些流传千古的神话故事,也就形成文化了。这意味着人创造人工的器物,文化意味着人自身的"人化"。人创造语言、神话、宗教、艺术、科学等符号系统,使人生活在符号的意义世界中,人创造人特有的精神世界,极大地拓展了"人"的理念。

第二节 中国传统文化

一、中国传统文化的含义

中国传统文化是中华文明演化而汇集成的一种反映民族特质和风貌的民族文化,是中华民族历史上各种思想文化、观念形态的总体表征,是指居住在中国地域内的中华民族及其祖先所创造的,为中华民族世世代代所继承发展的,具有鲜明民族特色的,历史悠久、内涵博大精深、传统优良的文化。简单来讲,中国传统文化是指不同文化形态表示的各种中华民族文明、风俗、精神的总称。

中国传统文化是从中国悠久文化积淀中抽象出来的足以影响整个社会发展的文化。它是对中华民族的共同精神、思维方式、心理状态和价值取向高度概况和总结的一种文化,是中华民族最本质、最富特色的文化。

独具特色的语言文字,浩如烟海的文化典籍,嘉惠世界的科技工艺,精彩纷呈的文学艺术,充满智慧的哲学宗教,完备深刻的道德伦理,共同构成了中国文化的基本内容。

二、中国传统文化的形成

中国传统文化是中华民族在长期的历史发展过程中形成的。中国传统文化中蕴含着代代相传的思维方式、价值观念、行为准则。中国传统文化既具有强烈的历史性、遗传性，又具有一定的现实性、变异性，它时刻影响和制约着中国人的社会生活。那么，中国传统文化是怎样形成的呢？

1. 中国传统文化的地理环境

任何文化都是在一定的地理环境下生成和发展的。地理环境分为自然地理环境和人文地理环境两个方面。不同的地理环境，是不同的文化类型和不同的文化特性产生的内在物质基础。

（1）地形、地貌和近万年以来的环境变迁

中国海岸线长达 1.8 万千米。中国地处亚洲东部，太平洋西岸，地势西高东低，呈明显的阶梯状特征：青藏高原为第一阶梯，平均海拔在 4 000 米以上，许多山峰均超过 7 000 米，号称"世界屋脊"，中国乃至亚洲的许多大江大河都发源于此，如长江、黄河、澜沧江、怒江等；青藏高原以北、以东和东南一带，蒙古高原、黄土高原、云贵高原、塔里木盆地、准噶尔盆地和四川盆地分布其间，地势十分复杂，海拔高度降至 2 000—1 000 米以下，形成第二阶梯；第二阶梯以东，北起大兴安岭，中经太行山，南到巫山一线，以及云贵高原以东的中国东部地区，平均海拔低于 500 米，是第三阶梯，海拔高度低于 200 米的东北平原、华北平原、长江中下游平原以及江南丘陵都分布在这一地区。

由于中国幅员辽阔、地形复杂，因此具有复杂多样的气候环境。就干湿度而言，中国大陆以其距离海洋的远近，自东南向西北呈现由湿润到半干旱再到干旱依次变化的特点。东部、南部、东南部和西南部由于受到太平洋和印度洋暖湿气流的影响，湿润多雨；西北内陆和青藏高原由于受到来自西伯利亚干冷气流的控制，呈明显的干旱和半干旱状态。其中，青藏高原的气候更是以高寒为主。这种气候状况，斜向把中国分为东南和西北两大部分，造成东南以农耕为主，西北以畜牧为主的人文地理环境。就冷暖度而言，中国大陆自南向北，以山川河流为天然界限，依次由热带、亚热带、暖温带、中温带向寒温带过渡。大致来说，台南、琼西和滇南河谷一线以南为热带，自此以北至秦岭、淮河及白龙江一线为亚热带，秦岭、淮河以北到长城以南为暖温带，长城以北、以西为中温带，大兴安岭北端、黑龙江一线为寒温带。此为中国气候的大致分布与特点。

地理环境也不是一成不变的，近万年来，中国大陆的地形、地貌变化主要表现为以下几个方面。

①海陆变迁。由于受到全球气候变化和地质运动的影响,陆地发生过数次海进海退的变化,总的来说,受中国地势西高东低造成的大江大河奔腾入海的影响,从辽东湾到杭州湾大部分沿岸地区都是在近两三千年前才形成陆地的。

②水域变迁。过去的数千年间,许多河流都多次决堤改道,许多湖泊的形状和面积都发生了改变,造成了显著的水域变迁。

③水土流失和土地沙漠化。人类过度开垦导致大地植被遭到严重破坏,一方面使得水土流失严重,另一方面造成了严重的土地沙漠化。沙漠面积的扩大,使得许多城市和绿洲被吞没。

（2）地理环境对中国传统文化的影响

中国的地理环境在中国传统文化形成与发展过程中的影响,主要表现在以下几个方面。

①文化的多元性与多元一体性。由于中国幅员辽阔,地形、地貌复杂多样,气候条件也各不相同,所以全国各地存在着许多各不相同的自然地理区域。受太平洋和印度洋暖湿气流的影响,我国的降雨量自南向北、自东向西依次递减,加之地势自东向西逐渐升高,因此形成了东南低平湿润、西北高亢干凉的地理和气候特征。据此,我国学者胡焕庸早在1933年就提出,在东北的黑河至西南的腾冲间画一条直线,可以把中国分为东南和西北两部分。如果直线以南称南方,直线以北称北方的话,南方占地面积虽只有42.9%,但人口却占94.4%;而北方虽占地面积达57.1%,但人口却只有5.6%。这条线就是国际学术界著名的"胡焕庸线"。研究结果表明,自唐以来的1 000多年间,中国东南地区和西北地区的人口与土地分布基本上与胡先生的研究相符。不仅如此,东南地区和西北地区自然地理环境的差别还造成了这两个地区人文地理的不同,即东南地区为农耕区,西北地区为畜牧区。同样,由于中国自南向北温度和湿度的差异,也造成了淮河、秦岭以南的南方地区产业结构以稻作农业为主,淮河、秦岭以北到长城沿线以南的中原一带以粟作农业为主,而长城以北的广大地区则以游牧业为主。所以,中国复杂多样的自然和人文地理环境是形成中华民族多民族共居、多种经济成分并存、多种文化类型共存的物质基础。另外,由于中原地区地理环境相对优越,也造成了各民族多种文化融合的局面,从而形成了中国文化多元一体的局面。

②中国传统文化的开放与封闭。中国大陆三面环山,一面环海,加之幅员辽阔,资源也相对丰富,因此有人认为,中国古代既无对外开放的必要,也无对外开放的可能,中国是一个闭关锁国的国家,中国文化是一种封闭的文化。但考古发掘证明,早在旧石器时代,中国

的东半部文化与环太平洋地区的文化就有联系,美洲大陆的土著居民很可能是东北金牛山人的后裔。而新石器时代,在中国西部,河西走廊和北纬40°—50°度之间的狭长地带,成为连接中国大陆与欧亚大陆的纽带。周秦时期的考古发掘也表明,周秦文化带有鲜明的西方特征,中亚和西亚的文化也正是通过周人和秦人才传播到中原各地的。之后很长的历史时期,这一地带都是连接中西方的重要通道。也正是因为这条通道的存在,才使得唐代的都城长安、辽代前期的都城上京、元代的上都和中都及中国北方和西北方的一些地方成为当时重要的国际性大都市。

2. 中国传统文化的经济基础

（1）中国古代的早期农耕文化

中国传统的社会生产经济形态是农耕经济。农业给古老的中华民族提供了基本的衣食之源,创造了相应的文化环境,规定了特定的政治道路,还影响了中国传统的畜牧业、手工业的发展。中国传统文化最深厚的经济基础是农业。

农业的产生,是人类历史上出现的具有划时代意义的伟大事件。我国是世界上农业发展最早的国家之一,同时也是世界上出现的少数几个农业文明古国之一。当代的考古学成果表明,农业在我国产生于距今一万年之前的新石器时代到来之际。虽然《史记·五帝本纪》中有黄帝"时播百谷草木,淳化鸟兽虫蛾"的记载,但这项伟大的发明并不属于某一地区某一位英雄人物。大体来讲,黄河中下游一带的远古先民,是粟、黍等旱地农作物栽培的发明者;而长江中下游一带的远古先民,是水田稻作农业的发明者。由于各地的自然条件和气候条件存在差异,早在农业革命发生之际,我国南北各地便大致形成了三大不同特色的经济文化区:华中、华南一带以水田稻作农业为主的经济文化区;华北、东北、西北东部一带以旱地粟作农业为主的经济文化区;蒙新高原和青藏高原一带以狩猎、畜牧并兼营农业为特色的经济文化区。

农业革命的发生,直接促进了社会其他经济门类的快速发展,特别是手工业的发展成果最为显著。其突出标志:一是铜器的发明,导致铜石并用时代的到来;二是快轮制陶技术的发明,极大地提高了社会生产力和人们的社会生活水平;三是养蚕缲丝和手工纺织业的发展,促使人们的物质生活面貌和精神生活面貌大为改观;四是制玉、漆器、建筑业的发展,进一步扩大了社会分工,同时也加速了社会分化。

（2）"三代"以来农耕文明与游牧文明的分野

由于中国幅员辽阔,地理、气候环境复杂多样,加之其他原因,使得早期农耕文化在起源和发展过程中表现出诸多土著文化互立并存、相互吸收、共同发展的历史特征。大致以

"胡焕庸线"（自东北的黑河至西南的腾冲间画的一条直线）为界,形成了西北游牧区域与东南农耕区域的分野。而从"三代"开始,我国的历史发展始终表现为这两种文明的互立并存、相互影响和相互交融。

据历史文献记载,农耕与游牧这两种文明的分界线大体是: 在华北一带,是长城沿线;在西北地区,约在渭水上游的天水一带;在西南地区,是成都西北的岷山一带。

（3）周边游牧文化与中原农耕文化的冲突与融合

农耕与游牧这两种不同的经济类型一旦形成,农业民族与游牧民族之间的对立与冲突就不可避免。黄帝时"北逐荤粥"的古史传说虽未必可信,但自新石器时代晚期,两民族间的冲突已经开始当属事实。

进入青铜器时代以后,中原王朝与周边游牧民族的冲突可谓史不绝书,甲骨卜辞中即有北伐鬼方、西伐羌方的记载。进入西周时期以后,冲突更加激烈。据西周铭文记载,康王二十五年,周人与鬼方曾有一次大规模的武装冲突。结果俘获鬼方(古代北方游牧族之一,北胡之号,周曰"猃狁",汉称"匈奴",唐曰"突厥",宋曰"契丹",今之鞑靼,居于今陕西西北部、山西西北部和内蒙古西部地区）12 000 余人,包括四名酋长。后来,猃狁成为西周北方的严重边患,宣王不得不亲自出征"以匡王国"。西周末年,正是因西北犬戎（古戎族的一支,殷周时游牧于泾渭流域,是殷周西方的劲敌,在今陕西彬县、岐山一带）势力的壮大,才导致西周王室的倾覆和政权东迁。

春秋战国时期,特别是战国前期,以辽河流域为活动中心的东胡势力逐渐强大起来,成为北方霸主。为防范东胡,燕国在与之接壤的地方修筑了一条浩大的防御工程,即燕长城。至战国晚期,继东胡之后,匈奴成为北方霸主,秦、赵等国也在边境地区修筑长城。及秦统一中国后,把秦、赵、燕三国长城连接在一起,于是在中原农耕文明与北方游牧民族之间出现了绵延万里的秦长城。

秦汉之际,在长城以南建立了统一的多民族封建大帝国。与此同时,长城以北,匈奴也东并东胡,西逐月氏,建立起一个东西万余里,南北数千里的统一的多民族游牧政权。自此,中国进入了中原农耕帝国与北方游牧政权长期并存互峙的历史时期。

3. 中国传统文化的政治环境

（1）中国国家的形成及发展

国家是在氏族制度的基础上发展而来的,由氏族到国家,是世界文明史的通例。中国考古学的成果表明,距今七八千年前,伴随着农业革命的发生和发展,我国历史已开始由旧石器时代晚期出现的早期氏族制度进步到氏族制度的繁荣期,其标志是以大型聚落中心和礼仪用器的出现为特征的社会分化的发生。如近年在北方地区发现的距今 8 000 年的兴隆洼文化和查海文化,聚落周围都以壕圈护,房屋整齐排列,已具街区规模,同时已具有明显的祖神造型和崇玉迹象。这表明社会发展开始由氏族走向国家。

到距今 5 000 年前,我国南北各地的氏族社会,都进入由氏族迈向国家的发展阶段,如北方的红山文化,黄河中游的仰韶文化,黄河下游的大汶口文化,长江下游的良渚文化。如果说距今 7 000 年前是国家形态的孕育期,那么距今 5 000 年前则是国家的初步形成期。国家初步形成的标志:第一,"城"的出现表明当时社会分化已经出现了"国"与"野"的区分,城乡对立已经普遍存在;第二,冶铜的发明预示着社会生产力水平的提高和铜石并用时代的到来;第三,带有文字祖型性质的刻画符号的出现,意味着文明信息的初步传递;第四,崇龙尚玉、敬畏天地山川和祖先崇拜现象的普遍发生,标志着中国特色的礼仪制度已经齐备。社会处于由不同区系类型的古文化发展成为诸多各自分立的古国的时期,出现了邦国林立的状态,所谓"禹合诸侯与涂山,执玉帛者万国"是之也。

距今 4 000 年前,夏朝的建立标志着国家的诞生。之后,经过商汤征桀和武王伐纣,三代近千年的历史发展过程,中国古代的传统礼制发展成熟,并成为此后 3 000 年国家发展的制度规范。所以,三代时期是中华文明获得重要发展的历史时期。此后,经过春秋战国数百年的征伐,最终由秦于公元前 221 年统一了山东诸国,建立起一个统一的多民族的封建大帝国。之后,中华各族人民虽几经分裂,但统一始终是大势所趋和民心所向。

(2)中国古代的政治制度

①宗法制度。宗法,即宗族之法,是以宗族内部的血缘关系为基础,标榜尊崇共同祖先,区分尊卑长幼,规定继承秩序,确定宗族成员不同权利和义务的法则。宗法制度由氏族社会的父权家长制演化而来,至西周时,宗法制度已发展完善。宗法制度的主要内容如下。

第一,嫡长子继承制。商代的继承制度是父死子继,辅之以兄终弟及。西周初年,周公制礼作乐,始行嫡长子继承制。统治阶级内部划分为天子、诸侯、卿大夫和士四个等级,每个等级中,财产和职位的继承者,必须是嫡长子,如无嫡子,则以庶妻中地位最尊贵的贵妾之子继承,所谓"立嫡以长不以贤,立子以贵不以长"是也。

第二,分封制。分封制是宗法制直接衍生出来的一种巩固政权的政治制度。分封制是按照血缘亲疏,把同姓子弟分封到各地,建立大小不等的诸侯国,诸侯把自己的子弟分封到周围建立许多卿大夫之家,卿大夫再把自己的子弟分封到各地作士。由此形成了天子的嫡长子世代为天子,余子为诸侯,诸侯的嫡长子世代为诸侯,余子为卿大夫,卿大夫的嫡长子世代为卿大夫,余子为士,这样一种世代相属、代代相袭的政治结构。从君统上说,天子为天下共主；从宗统上说，则为天下大宗，族权与政权互为表里，宗族与国家一体同构。

周公行分封，"立七十一国，姬姓独五十三人"（《荀子·效儒》），另有十八国为异姓诸侯，包括殷遗民微子箕（立宋国，都商丘）和康叔（立卫国）。

第三，宗庙制度。上古时代，"国之大事，在祀与戎"。统治阶级希望通过祭祖，把宗族心理升华为阶级意识，从而固与强化其现实之统治。西周之际，宗庙制度发展到了完善的程度，即所谓"天子至于士皆有庙：天子七庙，诸侯五，大夫三，士一"。从此以后，尊祖敬宗，昭孝息民成为人们必须遵守的社会规范。

②专制制度。中国古代社会政治结构的一个显著特征是，存在着一个延续 2 000 年之久的君主专制的官僚政治体制。它出现于战国末年，完成于秦汉之际。秦始皇统一中国的同时，创建了一个皇帝独裁、专制主义、中央集权的封建政治制度——"天下事无大小皆决于上"。到清朝建立军机处，皇帝独裁的专制制度发展到了顶峰，从而也造成了"君权高于神权"这一不同于西方社会政治生活的显著特征。康熙皇帝曾说："今大小事务，皆朕一人亲理，无可旁贷。若将要务分任于人，则断不可行。所以无论巨细，朕心躬自断制。。"

（3）古代社会政治环境对中国传统文化的影响

宗法制度的长盛不衰和专制制度的高度发达，对中国传统文化产生了多方面的影响：第一，社会政治结构的宗法型特征，导致中国传统文化伦理范式的形成。第二，专制制度的充分发展，导致中国传统文化政治型范式的形成。第三，宗法制度与专制制度的结合，在思想上导致儒法合流，在文化上导致了"内圣外王"的心态。

三、中国传统文化的特征

1. 天人合一，以人为本

"天人合一，以人为本"是中国传统文化的一个重要特征。但在这一对组合中，人的因素常常居于主导地位，即所谓"人本位"的文化。

应该说，中国人对"天"向来怀有一种敬畏之情。古人有"三畏"，第一"畏"就是"畏天命"。"天"在金文中写作"𡗗"，本义为"人头"，引申义为"一切至高无上的东西"。故自农夫以至士人，凡遇难决之事辄称"听天由命"，凡有惑而不解则曰"天知道"。

由于天的至高无上，古人又为天蒙上了一层神秘色彩，并进而幻想出一个有意志、有人格的天，即所谓"天帝"或"上帝"，并认为人间的一切都是"上帝"安排的。如《诗经·周颂》中说，"昊天有成命，二后（周文王、周武王）受之"（《昊天有成命》），"王显成康，上帝是皇"（《执竞》）。再进一步，则人间帝王是天帝之子。《周颂·时迈》曰："时迈其邦，昊天其子之,实右序有周。"《大雅·常武》曰:"徐方既同,天子之功。"而《礼记·曲礼下》更是最早提出了"君天下曰天子"的概念。

这种思想到汉代董仲舒时,更加系统化,也更加理论化。董仲舒一方面把天说成是宇宙间最高的主宰,称"天者,百神之大君也"(《春秋繁露·郊祭》);另一方面又说"王者承天意以从事"(《春秋繁露·尧舜汤武》),"受命之君,天意之所予也,故号为天子者,宜视天如父,事以孝道"(《春秋繁露·深察名号》)。这样,君权便是上天所授,同样也是神圣不可侵犯的了。至此,"天"和"人"便合一了,而且"道之大原出于天,天不变,道亦不变"。换言之,人间的一切法则(包括伦理、道德、政治)都是上天规定好的,永不改变。而天如何体现其意志呢? "观天人相与之际,甚可畏也。国家将有失道之败,而天乃先出灾害以谴告之;不知自省,又出怪异以警惧之;尚不知变,而伤败乃至"(《汉书·董仲舒传》)。这样,天人之间的联系就建立起来了,即所谓"天人感应"。正是基于此,历代帝王无不注意对天象和灾异、符瑞的观察,甚至天象的每一次微小变化,都会在人间掀起一场轩然大波。而老百姓遇上饥荒和自然灾害,也难免要"叫苦连天"了。

天在中国人心目中的位置是非常重要的,以至在中国人的生活中处处都离不开天。中国人逢年过节要祭天,丰收了要祝天,甚至连结婚也要拜了天地才能算数。但如果仔细考察会发现,在天和人之间,中国人最重视的还是人,天只不过是一种莫名的崇拜对象,一种用于宣传或聊以自慰的概念罢了。实际上,天意就是民意,天心即是人心,这一点谁都清楚。早在周代,当时的统治者就曾提出"敬天保民"的口号,而"敬天"仅是一种幌子,"保民"才是实质。《尚书·泰誓》中说:"天视自我民视,天听自我民听。"《尚书·皋陶漠》中说:"天聪明,自我民聪明;天明畏,自我民明威。"这都说到了问题的实质。《谷梁传·桓公十四年》中说:"民者,君之本也。"《左传·僖公十九年》中说:"民者,神之主也。"《左传·庄公三十二年》中说:"国将兴,听于民;将亡,听于神。"战国时期的孟子更倡言"民为贵,社稷次之,君为轻"。这又在强调以人为本的基础上,进一步提出了以民为本的思想。而荀子不但大谈"明于天人之分",还说"大天而思之,孰与物畜而制之;从天而颂之,孰与制天命而用之"(《天论》),从而十分明确地提出了"制天命而用之"的人定胜天思想。显然,荀子心目中的天,已经与今人所说的大自然的含义差不多一致了。

除进步思想家外,天的含义在老百姓那里也在渐渐演变。《诗经·鄘风·柏舟》中说:"母也天只,不谅人只。"《毛传》解释说:"天谓父也。"《仪礼·丧服》中说:"夫者,妻之天也。"这种"子以父为天,妻以夫为天"的意识,在今天的某些农村依然存在。《史记·郦食其传》中说:"王者以民人为天,而民人以食为天。"这说的更加直截了当——吃饭的事就是天。在这里，天作为万物主宰的含义没有了，其神秘色彩也消失了，天成了具体的人或人赖以生存的物质。可见，天和人虽然仍联系在一起，但其实质早已偏到了人的方面。

一方面标榜天的至高无上，并倡言"天人合一"；另一方面却又强调人的因素第一并事事以人为出发点。这看起来似乎矛盾，但却是中国传统文化的一个十分重要的特点。中国人的重人轻物，讲求"积极""实际""入世"就与此有关。

2. 诸家兼容，以儒为主

中国古代文化是具有兼容性的。先秦时期实行百家争鸣，各种学派都积极宣传自己的主张。在一些学术中心，如齐国的稷下和魏国的西河，虽有辩难，但也呈诸家并存的局面。《汉书·艺文志》中所说的十家，除纵横、农家、杂家、小说家没有固定的见解外，其余的儒、墨、道、法、名、阴阳各家在先秦时期的思想领域都有一定的市场。

秦代虽尚法并曾实行焚书坑儒，但儒家的影响还是无法消除，以至秦亡之后，儒家的经典和儒生又一起冒了出来。汉初尚黄老之学，司马谈作《论六家要旨》，对道家推崇备至，然于其他各家也并不排斥。自汉武帝罢黜百家、独尊儒术后，儒家的正统地位便被确立。但除墨家外，其余各家亦未遭禁绝，而且统治者也外儒内法，霸王道而杂用之。此后2 000多年间，道家、法家及阴阳家的思想都曾不同程度地被人们接受过。中国古代推重的学问家，往往是那些纵贯百家的集大成者。到了东汉时期，佛教传入，中国的思想界也不见抵触，如今在许多地方尚能见到合供孔子、老子、释迦牟尼像于一堂的现象便是最好的说明。唐太宗贞观年间，基督教曾传入中国，并在一些上层人士中间流传，当时被称作"景教"。高宗以后，随着大批阿拉伯人的进入，伊斯兰教也开始在中国扎根，至于各少数民族所信奉的宗教(如元代的全真教、蒙藏的喇嘛教、满族的萨满教等)更是多种多样。可以说，中国文化的丰富多彩，与其所包容的众多学派和思想因素是分不开的。

中国文化的这种兼容性，与中国文化来源的多元性及地域性发展是分不开的。以先秦为例，儒家发达于鲁，法家多出于三晋，道家多出于宋楚，而阴阳家、名家、道家等学者又多聚于齐，这些都与当时各国的自然环境有关，即使实现了文化的统一，各国的地域性痕迹也很难抹掉。

但是也必须看到，在各种思想中儒家思想无疑是最主要的。这不仅是因为儒家思想曾被历代统治者确定为统治思想，甚至连教学和科举考试也以儒家思想为内容，而且因为儒家以"仁爱"为基础的伦理观念，以"礼"为约束的道德规范，以"穷则独善其身，达则兼善天下"为标榜的进退出处原则，以及从和谐中求均衡和发展的中庸思想，这些在一定程度上适应了中国这个酷爱和平和稳定的东方大国的国情。

儒家思想也是在不断发展和变化的。孔子去世后,儒分为八,而影响最大的则数孟、荀两派。孟派到了汉代便渐与阴阳五行合流(代表人物是董仲舒),到了宋代更是受佛教禅宗的影响而形成理学(代表人物是朱熹)。至于荀派,其后学也渐与名、法合流。法家的韩非和李斯都是荀况的学生。而儒家在发展过程中自然要吸收其他一些学派的优秀成分作为营养,这样便形成了以儒家为主又能兼纳各家结晶的具有中国特色的文化思想。

3. 多神并敬,无神为常

中国有佛教、道教、伊斯兰教、基督教等宗教,但信教的人数与全国总人数相较却很少,没有出现像西方世界中那种"举国笃信一教"的现象。在中国,敬神的人倒是很多,而中国人信奉的"神"不是上帝或神话中的"神",而是与人们生活休戚相关的"神"。

可以说,凡能"保佑平安""赐福于人"者,中国人皆奉为神明进而敬之。上至天神、日神、月神、星神、云神、雷神、雨神、风神,下至土地神、山神、河神、海神,外至井神、树神,内至门神、灶神,甚至各种动物都可以化成神,如狐神、蛙神、蛇神、五通神等。某些历史人物死后也可成神,如秦琼、尉迟恭成为门神,伍子胥化为涛神,等等。至于种庄稼要供谷神,养蚕要供蚕神,酿酒要供酒神,做生意要供财神,行医要供药神,更是常见的现象。更有甚者,走路还要祭路神(如荆轲刺秦王之前"祭祖取道")。《离骚》说:"百神翳其备降兮,九疑缤其并迎。"实际上,中国的"神"要仔细统计起来,远远不止百种。

中国人的多神并敬行为,首先与原始的图腾崇拜遗风有关。其次,如果剔除其中迷信的成分,应该说表现了一种良好的生活愿望。几千年来,中国人一直都希望过幸福的生活,而幸福生活的首要表现便是丰衣足食,故所敬之神多与衣食住行有关。至于什么爱神、宙斯之类,中国人并不感兴趣。实际上,在多神并敬的背后,正透露出人们对各种日常生活要素的完美追求。最后,敬"神"对某些人来说,似乎也是一种精神寄托。中国人在某些特定的时间,似乎不敬神便不能自慰,久而久之,逐成风习。比如,春节时祭灶神、财神,春秋时节祭社神,出海时祭海神,入山时祭山神,等等。

但是,正如多中心即无中心一样,中国人的多神并敬,实际上并没有一个固定的权威的"神"作为主宰,所以到头来仍是无神。常见一些乡间的老年妇人遇庙烧香,逢神必拜,但要问她们笃信者为何神,则什么名目也说不上来。而稍能说出几种神的名目的,却又常常会根据个人需要随时改变其信仰的对象。这一点似乎还比不上眼下某些球迷对某国球队崇拜的专一。中国人对"神"的感情也远不如某些民族来得亲切。从孔子开始便说"敬鬼神而远之",而且还说"祭如在,祭神如神在"。如果不祭呢?他便不肯说了。在中国历史上,祭神的事虽不曾间断,但若要谁去为神而舍身,怕没有几个是自愿的,"河神娶妇"便是一个明显的例证。这样就出现了一种奇怪的现象,表面上祭神热热闹闹,而人们内心深处则避之唯恐不及。表现在文化特征上,便是多神并敬而实则无神。

4. 德能统观,以德为重

中国文化在人才观方面向来是德能统观的。德即道德,能即才能。《礼记·搜弓》说"选贤与能",汉代选官的荐举制度也是既有孝廉(重德),又有秀才(重文才)。即使到了后代,"德"和"能"也常常被人们并称,如德才兼备、何德何能等。

其实,中国文化中的"德""能"虽常常"相提",但却不是"并论"的。在相当多的情况下,德常处于主要的或主导的地位,即所谓"重德"。儒家教人初学入门的《大学》,其开篇即云:"大学之道,在明明德",而且篇中反复强调:"德者,本也""君子先慎乎德""有德此有人,有人此有土,有土此有财"。孔子也常说:"君子怀德"(《论语·里仁》),"志于道,据于德"(《论语·述而》),"有德者必有言,有言者不必有德"(《论语·子路》)。在德与才两者之间,孔子最看重的是德。他曾明确地说:"如有周公之才之美,使骄且吝,其余不足观也已。"(《论语·泰伯》)这句话的意思是,周公是孔子最崇敬的大圣人,但即使有周公那样的智能和技艺而不注重道德修养,也还是"不足观"的。这种观点一直影响着后世。如曹操年轻时曾问许子将:"我何如人也?"许子将说:"子治世之能臣,乱世之奸雄。"这就是世人对那些才能卓著而德性不足的人的评价。

中国人所注重的德,其含义是非常丰富的。但归纳起来,则不外乎"孝"和"仁"。"孝"是要求晚辈尊敬长辈,与此相联系的还有"悌",即要求同辈之间也要互相尊重。孝、悌都做到了,便可以求得一个家庭的和谐。而事父母孝,事君也会忠,即所谓"身修而后家齐,家齐而后国治,国治而后天下平"(《大学》)。这就是孝虽属伦理道德范畴,但历朝历代却无不提倡"以孝治天下"的道理。"仁"是儒家所推崇的道德修养的最高境界,其基础是"爱人",即教人一切从"爱"出发,"己所不欲,勿施于人"。具体来说,就是在家要做到孝悌,到社会上要"克己复礼",即一切行为都符合礼的规范,待人接物要有修养,即所谓"恭、宽、信、敏、惠"(《论语·阳货》)。如果将"仁"推广到社会政治方面,便是"仁政",或曰"王政""德政""美政";如果将"仁"推广到人与利(物)的关系方面,则是"义",即教人不可见钱眼开,见利忘义。其他如"贤""善""诚""恕""勤""俭"等,也都是中国传统道德中的一些比较重要的范畴。

中国传统文化重德而不是重能,实际反映了中国人对人和物的不同态度。一般来讲,

"德"所体现的是人与人之间的关系,而"能"所体现的则多是人与物之间的关系。中国人所强调的既不是西方的人与物之间的关系,也不是印度和阿拉伯地区的人与"神"之间的关系。中国自古以来最重视的是人与人之间的关系,这也是以"孝"和"仁"为核心的道德观念在中国文化中一直被重视的原因。

5. 述作共倡,述为号召

所谓"述",就是继承;所谓"作",就是创新。中国文化对这两者都是非常重视的。

中华民族有着悠久的历史,这就为文化的继承创造了有利条件。中国文化中的某些因素,如礼俗、宗法、衣食习惯等,甚至可以从先秦一直沿袭至后代。先秦婚礼中的"六礼",其要点(如纳采、纳征、请期、亲迎)一直流传至今。周代的"六官",也一直被后世奉为职官的准则。又如某些家族的家风、家教,也可以从古代一直传到近代。像孔子的"不学诗,无以言,不学礼,无以立",诸葛亮的"非淡泊无以明志,非宁静无以致远",杜甫的"诗是吾家事",包拯的"子孙仕宦,有犯赃滥者不得放归本家",其影响所及均非一代。由此可见中国古代文化的传承性特点。

在学术方面,这种传承性表现得尤其明显。孔子整理的"六经""祖述尧舜,宪章文武",实际所起的便是承上启下的作用。之后, 70 子后学又对孔子的学说进行了继承和发扬。追至汉儒,更重"师法"和"家法",甚至连举孝廉也要"试家法"。师法谓源,家法谓流,合而言之,即要求传经者重视学术源流的继承。中国学术源流的脉络,经晋、唐、宋、明,直至清代仍可以看得很清楚,这在世界上可以说是少见的。

在创新方面,《大学》中曾有一段很精辟的论述:"汤之《盘铭》曰:'苟日新,日日新,又日新。'《康诰》曰:'作新民。'《诗》曰:周虽旧邦,其命维新。'是故君子无所不用其极。"其所谓"日新""新民""维新",即"用其极",亦即"止于至善"之义。用今天的话来说,便是要通过不断的革新,达到最佳的境界。《周易·象传》所说的"天行健,君子以自强不息",也是这个意思。

但是也要看到,中国文化史上的创新潮流虽不断出现,但多数的创新是以继承为号召,即所谓"以复古为革新"。例如,唐宋的古文运动,明代"前后七子"的复古运动,以及清末今文经学的复兴等,都是打着复古的旗号进行革新。这不能不说是中国文化史上的一种特殊现象。革新之所以要以继承为号召,一方面是因为孔孟之道在中国所具有的绝对地位,连孔子本人也说过"述而不作"的话;另一方面,也因为中国历史悠久,积习太重,成见太深,不以先圣之道为武器便难以打破缺口,改变现状。即使在当代,如要进行某些方面的创新,也难免会提出"继承传统文化"的口号。

在人类历史发展的过程中,每一种文化都不可避免地要受其他文化的影响,尤其当两种以上的文化接触时,相互吸引、融合以至被淹没的现象都有可能发生。这样的先例在世界不少民族中都曾有过。中国虽曾经过多次异族入侵,也吸收了不少异族的文化成分,但其文化的主体却始终得以保持,并一直延续至当代。这不能不说与中国传统文化的上述特征有关。今天,世界潮流正猛烈地冲击着中国,但我们完全可以相信,无论发生什么样的变化,古老、深邃、伟大的中华文化的主体会永久保持下去。

四、学习中国传统文化的意义

传统文化是保存先人的成就并使后人适应社会的一种既定的形态。中国传统文化是先人留下的伟大的精神瑰宝。对中国传统文化必须进行辩证地分析,批判地继承,而批判继承的最终目的是发展和创新。这就是说,要在批判地继承中国传统文化的基础上,吸收有价值的外来文化,创造传统与现代相统一、民族与世界相统一的,民族的、科学的、大众的现代中国社会主义新型文化。综合中国传统文化的精华和西方等外来文化的优秀内容,并根据中国社会主义现代化实践的需要做出创新性发展,以完成中国社会主义现代文化建设的任务,乃是正确对待中国传统文化,建设和发展现代中国社会主义新型文化的根本途径。学习中国传统文化具有七个方面的意义。

1. 有助于受教育者学会做人,提升国人的整体素质

"学会做人"看似简单,其实这是人最基本也是最重要的素质。长期以来,人们比较注重使受教育者学会求知,学会做事,这无疑是十分重要的,但往往忽视了更重要的一条,就是教他们学会做人。所谓"学会做人",就是学会处理人与人之间、人与社会之间的关系,当代中国,就是要有爱国主义思想、集体主义思想、社会主义思想,有高尚的道德情操,有正确的世界观、人生观、价值观。用毛泽东同志的话说,就是要成为"一个高尚的人,一个纯粹的人,一个有道德的人,一个脱离了低级趣味的人,一个有益于人民的人"。中国传统文化可以说是一种教人如何做人的文化,非常注重伦理道德和人格修养,被世人归结为伦理型文化。《大学》一书开宗明义地指出,"大学之道,在明明德,在亲民,在止于至善",并且提出"正心、诚意、修身、齐家、治国、平天下"的主张,这完全是以对道德的自我追求和完善为宗旨的。孔子倡导的"仁者爱人""己欲立而立人,己欲达而达人""己所不欲,勿施于人"(《论语·雍也》),也浸透了怎样做人的伦理精神。儒家崇仁、尚义、重节的一系列言论,以及道家所主张的不为境累、不为物役、绝圣弃智、洁身自好,实际上都是对理想人格的追求和对实现个体价值的向往。中华民族有源远流长的人文教育传统,以儒学为中心的人文教育是中华传统人文教育的主流。这种重礼、崇仁、尚义、追求高尚完美人格的人文教育

传统,对受教育者思想感情的熏陶、感染和人格的塑造具有不可忽视的重要作用,培养了一代又一代的优秀人物,维系着中华民族的生存和发展。

2. 有助于更加准确而深刻地认识我们民族自身

在这个开放的世界,人类各民族文化相互交流的深度和广度都在不断拓展,"地球村"越来越小。在这样的时代大背景下,中华民族及其文化以怎样的姿态参与"地球村"的合作和竞争,是每一个炎黄子孙都应该思考的问题。真正把握一个民族的文化特征,比把握诸如皮肤、头发、眼睛的颜色之类的体质特征要困难得多。然而,任何民族的文化形态虽然纷繁多彩,但是都可以寻觅到该民族文化的主色调、主旋律。正因如此,才会有英国人的绅士风度,德国人的精确高效率,美国人的自由开放,日本人的善采异邦之说。我们之所以能够从芸芸众生中大致辨识出各民族的特征,也正是因为每一个民族内部虽然存在着纷繁多样的阶级、阶层、集团、党派及个人教养和性格的差异,但同时也深藏着表现于共同文化之上的共同心理素质,这便是所谓的民族精神。学习、研究中国传统文化,正是我们认识自己、把握中华民族精神的可靠途径。

3. 有助于更加准确而深刻地认识我们当前的国情

古老的中国在漫长的历史时期内,无论在经济文化方面还是在科学技术领域都走在世界前列,处于领先地位,只是自明朝中叶以后才逐渐停滞和衰退,并越来越远地落在西方列强之后。近代以来,思想界先驱们在反思过程中将中国落后的原因归咎于以儒学为代表的中国传统文化,于是才有了"打倒孔家店"之举。然而到了20世纪60、70年代,以中国传统文化为母体文化构筑"中华文化圈"的东亚一些国家的经济开始腾飞,如亚洲"四小龙"的经济出现了快速增长,这些事实都显示出以儒学为核心的中国传统文化的价值。这种以儒学为核心的经世致用的传统文化,对经济基础是有积极影响的。由此可见,学习和弘扬中国传统文化对我国经济的快速发展必将产生积极的推动作用。

目前,我们中国人面临的历史使命是建设有中国特色的社会主义,完成这一千秋伟业的前提是切实认清中国的国情。国情不是空洞的,其实质就是文化的历史及其现状。数千年传统文化给我们留下了丰厚的遗产,同时也带来因袭的重负。对外来资本主义文化的积极因素,我们吸收得还很不充分,但其负面影响已引起我们的警惕和忧虑。深入剖析传统文化与外来文化对今日中国的影响,总结50多年来我们走过的道路,是我们当前认清国情的必要工作。

4. 有助于以理性态度和务实精神去继承传统

马克思说过:"人们创造自己的历史,但是他们不是随心所欲地创造,也不是在他们自己选定的条件下创造,而是在自己直接碰到的、既定的、从过去承继下来的条件下创造。"中国传统文化,就是我们"直接碰到的、既定的、从过去继承下来的条件",是影响中国人过去、现在和将来的传统。从一定意义上讲,传统是社会的一种生存机制和创造机制。借助它,历史才能得以延续和发展,社会的精神成就和物质成就才能得以保存和实现。正因为如此,文化传统并非仅滞留于博物馆的陈列品和图书馆的线装书之间,它还活跃在今人和后人的实践当中,并被这种实践不断改变。每一个有志为民族的未来贡献心智和汗水的中国人,都应该努力熟悉传统、分析传统、变革传统,而学习、研究中国传统文化恰好有助于培育这种理性态度和务实精神。

5. 有助于增强民族自尊心、自信心、自豪感

中国传统文化是世界上最古老的文化之一,而且是世界上唯一没有过断层的古老文化。它是东方文化的典型代表,有着独特的价值系统和思维方式,是人类文明发展史上的一块瑰宝,对世界文化的发展发挥着重大的推动作用。中国传统文化中有不少在人类历史上光芒四射且至今仍有重要价值的东西,有不少优于西方文化且在漫长的岁月中在世界上处于领先地位的东西,即使在科学技术领域也是如此。

中国文化源远流长,博大精深,在相当长的历史时期一直处于世界领先地位,为世界文明做出了巨大贡献。学习中国文化,是我们认识自己、把握中华民族精神的可靠途径,可以使我们振奋民族精神,增强民族自豪感和民族责任感,提高民族自尊心和民族自信心,全面弘扬爱国主义,增强民族凝聚力,同心同德,艰苦奋斗。

6. 有助于开阔文化视野,为建设中国社会主义现代新文化服务

从古今中外杰出人才的成长过程来看,除教师的教导和课堂学习外,他们无不从前人留下的文化精品中得到启发,受到熏染。所以说,中国传统文化,尤其是其中的经典是非常有价值的。了解这些经典可以开阔我们的文化视野。这些经典多是开放的体系而非实证的结论,是直接涉及社会、人生等普遍性问题的论述,因而既是超越时代限制的,又是极富民族特色的,对后来者具有启迪作用。学习中国传统文化除能够加强人们的自身修养外,还担负着建设中国未来新文化的任务。中国未来文化无疑是现代文化,但它只能是植根于中国传统文化基础之上并能体现中国传统文化精神的新文化。它既是现代的,又是传统的,是"现代"与"传统"的统一;它既是世界的,又是民族的,是"世界"与"民族"的统一。中国传统文化素有包容精神,能够并善于与外来文化融合以升华自身。学习中国传统文化,有助于我们开阔视野,解放思想,以海纳百川的气概与开放的心态面向世界,博采各国文化之长,以保持旺盛的活力,创造出更加绚丽多彩的、有中国特色的社会主义文化,

为人类文明做出自己应有的贡献。

7.有助于以理性态度和务实精神去继承传统，创造中华民族更美好的未来

马克思说过：“人们创造自己的历史，但是他们不是随心所欲地创造，并不是在他们选定的条件下创造，而是在自己直接碰到的既定的、从过去继承下来的条件下创造。”中国文化就是我们“直接碰到的既定的、从过去继承下来的条件”，是影响中国人过去、现在和将来的传统。

传统是社会的一种生存机制和创造机制。借助它，历史才得以延续，社会的精神成就和物质成就才得以保存和发展。因此，每一个有志于为民族的未来贡献心智和汗水的中国人，都应当努力熟悉传统，分析传统，变革传统，而学习、研究中国文化，正是培育这种理性态度和务实精神的最好课堂。

课堂感悟

1.有人说，中国文化具有强大的生命力。你认同这种说法吗，原因是什么？

2.你觉得中国古代的地理环境对中国传统文化有影响吗，具体表现在哪些方面？

3.中国古代的政治结构是怎样的？如何理解其对文化的影响？

4.你觉得有必要学习中国传统文化吗？如果有，请简述你将如何学习中国传统文化。

推荐书目

1.梁漱溟：《中国文化要义》。

2.钱穆：《国史大纲》《中国文化史导论》。

3.樊树志：《国史概要》。

4.楼宇烈：《中国的品格》《十三堂国学课》。

第二章　中国传统哲学

知识目标

1. 了解并掌握先秦子学中典型思想流派的内容和特点；

2. 理解先秦子学对中国传统文化的影响；

3. 了解汉代经学的产生与发展；

4. 了解魏晋玄学的发展与主张；

5. 了解隋唐佛学的发展和主要宗派；

6. 了解宋明理学的发展和主要理论；

7. 了解清代朴学的发展和乾嘉学派的主要知识。

关键词语

先秦子学　汉代经学　魏晋玄学　隋唐佛学　宋明理学　清代朴学

第一节　先秦子学

先秦哲学始于夏代,止于秦代。先秦时期,中国处于分裂割据状态,小国林立,各诸侯国出于笼络人心、招纳贤士的需要,对学术思想采取了较为宽松的态度,这个时期的思想文化出现了大繁荣的局面,在我国学术史、文化史、思想史上写下了光彩夺目的一页。这一时期出现了儒、道、墨、名、法、农、杂、阴阳、纵横、小说等影响比较大的学派,加上许多影响比较小的学派,史称"诸子百家"。各家均有自己的学术思想和政治主张,史称"子学"。诸子之学总体上看都是政治学说,因为各家的基本宗旨大都是为国君提供治国方略。例如,儒家主张以德化民,道家主张无为而治,法家主张信赏必罚,墨家主张兼爱尚同,名家主张去尊偃兵。汉代以后,墨家和名家成为绝学,农家独立成一门技术性学科,阴阳家演化为神秘的方术。因此,对后来大一统王朝政治产生重大影响的只有儒家、道家、法家。

子学,又称诸子百家之学,或诸子学,因春秋战国时期诸多思想流派的代表人物被尊称为"子"而得名。《荀子·解蔽》称:"诸侯异政,百家异说。"西汉史官司马谈在《论六家要指》中首次提出先秦、汉初学术上的六个主要派别,即阴阳、儒、墨、名、法、道,稍后的刘歆在六家之外，又加农、纵横、杂、小说四家，共为十家。曰："其可观者，九家而已。"故又称"九流十家。"

一、儒家

儒家的创始人孔子，是春秋时期鲁国人。他出身于没落贵族，生时正是"礼崩乐坏"的时代。在鲁国，他曾担任司寇之职。由于周游列国未能实现其"克己复礼"的愿望，遂返回鲁国专心讲学与著述。孔子主张"天下有道，则礼乐征伐自天子出"，提倡"正名"，使君臣父子各安其位，遵守名分，不僭越，不作非分之想，要求人们以礼约束自己，以达到"克己复礼"的目的。要达到"复礼"，就要提高道德水平，因此，孔子把"仁"看作是一切道德的总目标与最高准则，以"仁"为目标，通过修身、齐家、治国，最后平天下。

到战国时，继承与发扬儒家思想的是孟子，其为邹人。他适应战国变法潮流，发展孔子"仁"的道德思想，提倡行"仁政"、省刑罚、薄税敛、争民心，就可以无敌于天下而达于一统。同时，他反对暴力兼并战争。孟子主张"性善说"，认为发扬善端就可以免于陷入邪恶。另外，孟子还提出"民贵君轻"的民本主义思想。

略晚于孟子的荀子，是赵人。他虽然接受孔孟学说中的"礼治"，被列入儒家，但又继承了法家思想，他认为单用礼治不行，补以刑法就完备了。荀子对人性的看法与孟子的"性善说"不同，他主张"性恶说"。荀子最光辉的思想是"反天命论"，他认为一切天象变化、地上灾异都是自然界事物运动的必然表现，天意不能决定社会的治乱，社会的治乱也不会改变自然界的变化规律。所以荀子认为："天行有常，不为尧存，不为桀亡。"

二、墨家

墨家的创始人是墨子，名翟，鲁国人。墨子出身贫贱，生活俭朴，当过工匠。他曾研读儒家思想，后弃而创立墨家学派。他不满殷周以来的社会等级秩序，抨击维护这种秩序礼治的儒家。墨子的主要思想是"兼爱"和"非攻"。他既反对"大攻小，强执弱"的兼并战争，又反对强凌弱、富欺贫的阶级压迫，企图用"兼相爱，交相利"作为救世药方，希望人们能过上安居乐业的生活。他曾为反对楚国进攻，步行十天十夜赶到楚都，在与楚臣公输盘的辩论中，终于用各种守城器械破解了楚的攻城方案，使楚放弃了攻宋的计划。

墨子还主张"尚贤""尚同"，建议打破等级局限，让贤能的人任君主和各级官吏，"虽在农与工肆之人，有能则举之"。他认为："官无常贵，民无终贱。"墨子的这些思想都是有进步意义的。在认识论上，他提出判断事物的是非真假应当看其是否根据前人经验、当前的实践和实际效果的实证，这对逻辑思想的发展有积极意义。

三、道家

道家的创始人是老子,老子名李耳或李聃。老子的生活年代可能与孔子同时,现存的《老子》(又称《道德经》)一书则成于战国时期。老子提出了一个超绝一切的虚无本体,叫作"道"。"道"是老子哲学思想的核心,老子认为"道"是"万物之宗""天下万物生于有,有生于无"。老子的社会政治和人生主张是"无为",他认为"无为"方可"无不为",倡导无为而治,崇尚自然。道家以"自然"为最高范畴,"人法地,地法天,天法道,道法自然"。老子的理想社会是"至治之极"的小国寡民,在这个社会里,人们远离争斗,"邻国相望,鸡犬之声相闻,民至老死不相往来"。老子认为,儒家的"仁、义、礼、智"是虚伪的,主张"绝圣弃智,绝仁弃义",复归人的本性,回归"自然"。

庄子名周,宋人,约与孟子同时代,是道家在战国时期的代表人物。庄子出身贫家,有一种孤傲清高的性格,虽贫却不愿出仕为官。他继承老子"道"的思想,并对"道"做了进一步说明,认为人通过修炼可以得"道",得了"道"就可以与"道"同体,"我"就是"道","道"就是"我","天地与我并生,而万物与我为一"。庄子对当时战乱的现实极为不满,但又无可奈何,因而他幻想超脱现实,追求精神上的绝对自由。他认为这种绝对"自由"是"无他"的,是不依赖任何条件的,可用"无己"的办法忘掉自己。在此境界中,天地与他同体,万物与他同一,日月与他同寿,无古今之异,无生死之别,欢乐与痛苦亦不复存在,是一种高境界的自由精神。他认为只有在"至德之世",人类才能获得真正的自由。

四、法家

法家起源于春秋时的管仲、子产。他们力主强化法令刑律,使民"畏威如疾",以达到富国理乱的效果。他们认为火烈,民望而畏之,故死于火的人少;水弱,民狎而玩之,故死于水的人多。因此,法令刑律宜严不宜宽。到后来,各国变法,法家得势,各家重点不一。任法一派的商鞅讲究法律和赏罚的执行,重势一派的慎道讲究运用国君权势保持国君地位。韩非认为他们各有欠缺,秦用商鞅之"法",国富兵强,但"无术以知奸";韩昭侯用申不害之"术",但法令不统一,使奸臣有机可乘。因此。韩非主张把"法""术""势"三者合为一体。为此,首先要加强中央集权,剪除私门势力,选拔法术之士,操生杀之柄;其次,要以法为教,以吏为师,禁止私学;最后,要厉行赏罚,奖励耕战,谋求富强。

韩非是战国时期韩国的贵族,他和李斯都是荀子的学生。秦王政读他的《孤愤》《五蠹》等篇,极为赞赏。后来,他出使秦国,遭李斯等人谗害,服毒而死。秦王朝是依法家代表作《商君书》和《韩非子》提供的君主集权政治蓝图而建造的,由于秦赤裸专制的短命,汉代以后各王朝不便公开宣扬法家旗帜,表面上独尊儒术,但实际上"霸王道杂之"。

五、其他家

1. 名家

名家以惠施和公孙龙二人为代表,因以论辩名(名称、概念)实(事实、实在)为主要学术活动而被后人称为"名家"。他们关于个体(实)与概念(名)之间的辩论(如"白马非马"),对古代逻辑思维的发展有着重要的推动作用。

2. 纵横家

纵横家是战国时期以纵横捭阖之策游说诸侯,从事政治、外交活动的谋士所创的学派,其主要代表人物有苏秦、张仪等。

战国时南与北合为纵,西与东连为横,苏秦力主燕、赵、韩、魏、齐、楚合纵以拒秦,张仪则力破合纵,连横六国分别事秦,纵横家由此得名。他们的活动对于战国时政治、军事格局的变化有着重要的影响。

3. 农家

农家因注重农业生产而得名。此派出自上古管理农业生产的官吏。他们认为,农业是衣食之本,应放在一切工作的首位。《孟子·滕文公上》中记载有许行其人,"为神农之言",提出贤者应"与民并耕而食,饔飧而治",表现了农家的社会政治理想。此派注意记录和总结农业的生产技术和经验。《吕氏春秋》中的《上农》《任地》《辩土》《审时》等篇,被认为是研究先秦农家的重要资料。

4. 小说家

小说家,是指喜用寓言小说劝人从善的学派,代表人物为宋妍。

5. 杂家

杂家,是指杂糅诸家之说的学派。著名代表人物有秦相吕不韦,曾创作《吕氏春秋》。

6. 兵家

兵家的出现是由于中国古代频繁的战争和治国安邦的需要。兵家思想很早就臻于成熟,军事和兵法的研究在当时也已形成了一种含有丰富哲学思想的学说。且不说众多的兵家著述,即使在经、史、子、集中,也载有各种战史战例与谋兵之道、用兵之法,此外还有各种以战争为题材的小说野史。因此,在漫长的历史长河中,兵家的谋略智慧向来就是与技艺、宗教、艺术、哲学相并列的一种独立的文化样式,甚至在先秦至两汉期间,这种谋略文化还一直占据轴心地位。这种文化样式在之后的历史发展中也一直未曾间断,迄至明末清初以至近代,兵家谋略文化在经世致用思潮中还有复兴的趋势。

"诸子",是指先秦时期思想领域内反映各阶层利益的思想家及著作,也是先秦至汉各种政治学派的总称,属春秋后才产生的私学。"百家"表明当时的思想家较多,但也是一种夸张的说法,主要代表人物有孔子、孟子、墨子、荀子、老子、庄子、列子、韩非子、商鞅、申不害、许行、告子、杨子、公孙龙、惠子、孙武、孙膑、张仪、苏秦、田骈、慎子、尹文、邹衍、吕不韦等。

第二节　汉代经学

春秋战国时期作为"百家"之一的儒家在汉代经过"罢黜百家,独尊儒术"的过程后,取得了国家指导思想的地位。训解或阐述儒家经典的经学成为中国封建社会文化的正统,虽然在封建政治的起伏中,经学盛衰、分合、争辩都依附于封建社会制度的巩固、发展和延续,但其对中国的哲学、史学、文学和艺术都产生了很大的影响。

一、经学的产生与发展

经学是解释和阐述儒家经典的学问。其名称最早见于《汉书·儿宽传》。"经"本义为丝织物的纵线,引义为书籍。把重要的书籍称为经,与一般的书籍相区别,或将文章中的提纲部分称为经,与文中阐述部分相区别,这在先秦文献中就已经出现。比如,《墨子》中有"经"和"说"之分,《管子》中有"经"和"解"之分。

"经"本来不是儒家经典的专用名称,西汉初期统治者主张的原是黄老思想和与民休息的政策。但是在经过几十年的休养生息,在国力强盛之后,统治者便不再满足于"无为而治",尤其在汉武帝时期,社会的经济等各方面达到了极盛阶段,新的思想体系的出现成为一种需要。汉武帝即位后,召聚"贤良方正直言极谏之士",亲自策问古今之道,其中董仲舒的对策受到了汉武帝的重视。

董仲舒,广川(今河北省枣强县广川镇)人,早年研究《春秋公羊传》,在汉景帝时做过博士(官方讲授儒家经典的教师)。董仲舒在《举贤良对策·第三策》中提出了"罢黜百家,独尊儒术"的主张。

《汉书·董仲舒传》中记载:"《春秋》大一统者,天地之常经,古今之通谊也。今师异道,人异论,百家殊方,指意不同,是以上亡以持一统;法制数变,下不知所守。臣愚以为诸不在六艺之科孔子之术者,皆绝其道,勿使并进。邪辟之说灭息,然后统纪可一而法度可明,民知所从矣。"在这里,董仲舒将《春秋公羊传》中重视"一统"的思想说成是天地间永恒的道理,认为百家异说只能造成思想上的混乱,危害统一,所以主张独尊孔子之术,而对其他各家则"勿使并进",以巩固"一统",加强封建专制的国家政权。这个说法符合国家要统一的思想要求,得到汉武帝的采纳。汉武帝同时还采纳了公孙弘的建议设立五经博士。至此,儒家思想开始成为统治思想,"经"成为儒家经典的专用名称,汉代经学开始形成。儒术独尊以后,汉武帝以通经作为选拔人才的标准,使得经学成为一时的社会风尚。

王莽新政时期,经学范围得以扩展。今文经学中本来就有神学编造补充五经的倾向,西汉末年,为了适应社会矛盾激化、政治危机严重的局面,今文经学又进一步神学化,用普遍的神学编造附会五经,形成"谶纬神学"。"谶"是巫师、方士编造的预言或隐语,"纬"是对"经"而言的,谶纬神学是以宗教迷信附会儒家经典的著作。当时社会各派势力都把自己的政治需要转化成上天和孔子的意志,于是谶纬神学泛滥成为社会思潮。西汉末年出现的古文经学旨在反对谶纬神学,而注重从典籍本身出发研究其思想。王莽夺取政权时,充分利用谶纬神学和今文经学,取得政权后又复古改制,以古文经学作依据。东汉建立时,统治者继承王莽的文化政策,对谶纬神学和今文经学、古文经学兼收并蓄,分别利用。其后很长一段时间,学术界一直持续着今文经学和古文经学的斗争,直到东汉末,今文经学和古文经学才趋于融合。

经学在汉代形成之后至近代之前,一直以不同的形式发展和延续着。魏晋南北朝时期由于南朝和北朝在社会和文化上的差异,经学逐渐形成了南北两派不同的风格,出现了"南学"和"北学"。陆德明为经、注做音义,发展了南北朝的义疏之学,成为唐代义疏的先声。孔颖达的《五经正义》是一部统一南学、北学的著作,虽说是统一,其实是兼采南北二学的综合性质。隋唐时期,韩愈复兴了孟子之学。清代是一个在文化上较为特殊的时期,经学以"朴学"或考据学的方式得到复兴,出现了戴震、章学诚、阮元等著名学者。

二、今文经学和古文经学

今文经是汉代学者传述的儒家经典,用汉代通行的文字(隶书)记录,大都没有先秦古文原本,而由战国以来的学者师徒或父子口耳相传,到汉代才一一写成定本。今文经包括三家诗(申培传的《鲁诗》、辕固传的《齐诗》、韩婴传的《韩诗》),三家诗于汉文帝、汉景帝时已立博士,汉武帝时遍立五经博士,汉宣帝时五经各家全部立博士。西汉时,今文经学一直处于官学位置。

研究今文经的学问称为今文经学。今文经学家认为,"六经"是孔子为"托古改制"而写的著作,并把孔子奉为教育家、哲学家、政治家,甚至是"受命"的"素王"。

今文经学重在阐发"六经"中包含的微言大义,经常结合现实讨论,主张"天人感应说",重视《春秋公羊传》,因而很容易与纬书结合,表现出浓厚的神学色彩。这种研究方法着重臆解经文,以合己意,是一种"六经注我"的注经方法。

董仲舒是汉代今文经学的春秋公羊派大师，《春秋公羊传》是一部解释《春秋》的著作，成书于战国时期。春秋公羊派认为，孔子依据鲁史作的《春秋》虽然文字简略，却常常用一两个字表示褒贬，有"大义"于其中。《春秋公羊传》从《春秋》的词句中把这些"大义"发掘出来加以阐明，重在发挥"微言大义"，而不是像《左传》那样重在补充翔实的史料。

董仲舒"天人合一"的思想继承和发展了先秦儒家的"天命论"，并吸收阴阳家神秘主义的"五行学说"，认为"天"是有意志的至高无上的神，是自然界和人类社会的创造者和最高主宰者，自然的变化和社会的兴衰都是"天"的意志决定的，皇帝受命于"天"，是"天"的儿子，所以君权神圣不可侵犯。这种说法论证了封建地主阶级的政权和代表这种政权的皇权的正当性，也为政权和皇权虚构了一个形而上学的理论依据。

董仲舒还认为天具有和人一样的感情和气质，因此天人之间可以互相感应。董仲舒以天人感应、人副天数的理论为依据，重新解释了儒家经典。他把孔子的"性相近，习相远"、"唯上智与下愚不移"的观点具体化和神学化，提出了"性三品说"。此外，他还根据孔子"君君、臣臣、父父、子子"的伦理纲常和仁义道德思想以及"阳尊阴卑"的神学理论，提出了一套维护封建等级制度的三纲五常学说。"三纲"即君为臣纲，父为子纲，夫为妻纲，他们的关系就像天地阴阳一样，因此，君、父、夫对臣、子、妻有绝对的权威。仁、义、礼、智、信这"五常"是维护和调整"三纲"的基本原则。这种纲常来自天，"王道之三纲，可求于天"，在"三纲"之上又冠以"天"的权威，把封建社会的统治秩序神圣化为宇宙的根本法则。这样一来，就完整地构成了维护整个封建统治的四种权利——神权、政权、族权、夫权。毛泽东同志在批判封建纲常时就指出："在旧中国，这四种权力——神权、政权、族权、夫权，代表了全部封建宗法的思想和制度，是束缚中国人民特别是农民的四条绳索。"

董仲舒之后的今文经学家都以擅长说阴阳灾异而受到西汉统治者的重用。西汉末期，连年天灾和农民起义使西汉王朝摇摇欲坠，统治者企图假借"天命"和神的启示来恢复社会秩序。于是，一种把儒家经典和宗教迷信进一步结合起来的谶纬神学大肆泛滥起来。东汉初期，光武帝刘秀"宣布图谶于天下"，把谶纬神学立为官方统治思想。汉章帝时，召开了大规模的经学讨论会，即"白虎观会议"，讨论结果被编辑成了《白虎通义》一书。这部书进一步把儒家经学和谶纬神学糅和起来解释封建社会的政治制度和道德伦理，成为当时统治阶级的一部封建法典。

古文经指的是战国时期用秦以前的东方六国文字（古籀文字，又称"大篆"）书写的儒家典籍。汉代的古文经据说有三个来源：一是汉武帝末年鲁恭王扩建宫室时在孔子旧宅壁中发现的《古文尚书》《逸礼》；二是流传于民间的《毛诗》和费直、高相所传的《易》；三是秘府中所藏的《周官》和《春秋左氏传》。以上古文经在西汉时没有设立博士，王莽时期立《周官》《春秋左氏传》《毛诗》《逸礼》《古文尚书》五家博士，东汉时又被取消。古文经在西汉一直处于私学地位。

研究古文经的学问称为古文经学。古文经学家认为，"六经"是"述而不作，信而好古"的孔子整理保存下来的古代史料，由此他们把孔子视为史学家、教育家和儒学的先师，孔子的精神即在"六经"本身。古文经学重在考究史实，重视《周礼》《左传》，因而向阐述古制、研究古文字的方向发展，表现出比较古朴的学风。这种研究方法注重"名物训诂"，着重考证，以求符合古史事实，这是"我注六经"的注经方法。

西汉时期，古文经学一直处于被贬抑的地位。王莽改制时，立古文经博士，但随着王莽政权的覆灭，古文经学再一次被贬抑。但古文经学派的势力已经有了很大发展，出现了服虔、马融、郑玄等经学大师。他们推尚古文，马融将古文经学传于郑玄，郑玄则遍注群经。东汉章帝时，在白虎观会议上参加会议的经学各派经过辩论，把经学的各种分歧解释统一起来，得出了各派大都能接受的规范性结论，以后经学就沿着今文、古文融合的道路向前发展，郑玄则成为融合今古经学的大师。

郑玄，北海高密（今属山东）人。早年曾入太学学今文《易》和《公羊春秋》，又向东郡张恭祖学《古文尚书》《左传》《周官》等古文经，最后西入关中，向马融（东汉时著名的古文经学家）学习古文经。东汉桓帝至灵帝年间发生了党锢事件，郑玄也受到牵连，但他的学术活动并没有停止，教授弟子数百人。党锢解禁以后，郑玄已年逾六十，但由于精通今古文经，他注解的儒家经书不受汉代经学派别的束缚，能够以古文经为主，兼采今文经学说。于是他融会贯通，创立了一个统一的经学体系，这种体系被称为"郑学"。由于郑玄出身低微，游学归乡后仍然"家贫，客耕东莱，学徒相随已数百千人"，从而把学术引到了民间，这对经学的传播起到了极大的推动作用。

第三节　魏晋玄学

玄学是魏晋时期流行的一种社会思潮，它以"援道入儒、以道解儒"的方式，实现了儒道合流，翻开了中国思想史上新的一页。玄学的发展大致经过了三个阶段：第一阶段是正始时期，以何晏、王弼为代表，是玄学的形成时期；第二阶段是竹林七贤时期，以阮籍、嵇康为代表，是玄学的拓展期；第三阶段是元康时期，以郭象为代表，是玄学的成熟期。玄学主要围绕着名教与自然、有无、言意等论题展开形而上的诉求,这种形而上的诉求使中国传统哲学具有较高的思辨水平。

一、玄学的兴起

玄学之玄出自《老子》,《老子》中曾有一句话:"玄之又玄,众妙之门。"(《老子·一章》)玄学所依据的经典主要有《老子》《庄子》和《周易》,合称"三玄"。玄学在魏晋时期兴起,有其深刻的根源。

首先,名教危机是玄学产生的直接原因和目的。汉代经学盛行,儒家所提供的一整套封建纲常伦理,即所谓"名教",在维护封建统治方面曾起到重要作用。但是,经学谶纬神学化的开始,一方面禁锢了儒家思想的发展,使儒学走到了死胡同;另一方面,这种谶纬神学化的经学已经很难为统治者服务。所以封建统治者为了挽救名教面临的危机,便需要寻找新的思想武器,于是玄学应运而生。

其次,随着汉朝的覆灭和三国鼎立局面的形成,政治不断陷入混乱之中。朝代更迭的频繁,使得文人士子不再轻易谈论朝政,因为乱世用重刑,说话稍不当心就有可能招致杀身之祸。因此,崇尚玄学的清谈,避免谈论朝政,便成为当时文人士子逃避现实的一种方式。当然,政治上的这种混乱,不但没有禁锢思想的发展,反而激活了思想的活跃因子,随着何晏、王弼"正始之风"的刮起,一种追寻宇宙之本根、探讨万物之本体的思想活跃起来,这便是玄学。

最后,前期思想的积淀为玄学开启了思想的源头。玄学崇尚清谈,探寻人生宇宙之本,其方式是"援道入儒、以道解儒",其主要文本是《老子》《庄子》《周易》《论语》等。正是通过对先秦儒家、道家等诸家思想进行解读来探求人生、宇宙之本。

二、名教与自然

玄学的兴起是为了挽救名教的危机,魏晋时期的玄学家们尽管立场不同、态度不同,但都试图为挽救名教开出一副"良药"。魏晋时期的玄学家们对名教问题的讨论有一个共同特点,就是与自然相联系并从本体论方面论证名教的合理性。按思想的演变顺序,魏晋时期对名教问题的讨论经历了"名教本于自然""越名教而任自然"和"名教即自然"三个阶段。

1. 名教本于自然

王弼是第一个从本体论上为名教寻找根据的思想家。王弼认为,名教的危机是由于只注重形式的缘故,所以他主张崇尚仁义,抓住根本,这就是王弼的"无"或"道"。

王弼首先通过曲解《老子》"始制有名"的原意,为名教的合理性找到了形而上的根据。他说:"始制,谓朴散始为官长之时也。始制官长,不可不立名分,以定尊卑。"(《老子注》第三十二章）这句话的意思是说，纲常名教是在道"朴散为器"的过程中产生的，是由道分化出来的，是以自然之道为本的。正因为名教是从道中分化出来的，所以具有形而上的根据，名教本于自然。

王弼还把"道"和"名教"的关系看成母与子、本与末的关系。"母，本也；子，末也。得本以知末，不舍本以逐末也。"（《老子注》第五十二章）这句话强调要守母以存子，崇本以息末。从表面上看，王弼将名教与自然的关系说成是母与子、本与末的关系，似乎是降低了名教的地位，但实际上是为名教找到了形而上的根据"名"，这就是王弼为挽救名教的危机而开出的一个"药方"。

2. 越名教而任自然

与王弼极力融合名教与自然的关系不同，竹林七贤时期的嵇康、阮籍则提出了与之相对的"越名教而任自然"的主张。

嵇康，字叔夜，本姓奚，谯国铚县（今安徽濉溪）人，为"竹林七贤"的领袖人物，三国时魏末诗人与音乐家，玄学家的代表人物之一。嵇康从小喜爱音乐，有极高的音乐天赋，他创作的《长清》《短清》《长侧》《短侧》四首琴曲被称为"嵇氏四弄"，是中国古代的一组著名琴曲，与东汉的"蔡氏五弄"合称"九弄"。隋炀帝曾把弹奏"九弄"作为取士的条件之一，足见其影响之大、成就之高。而嵇康的《广陵散》更是我国十大古琴曲之一。

魏晋玄学发展到竹林七贤时期，一改正始时期关注政治哲学和本体论问题的现象，开始更多地关注人生论，即人生哲学问题。这反映在名教与自然的关系问题上，即"竹林七贤"以"越名教而任自然"来代替正始时期的"名教本于自然"。嵇康则是这一时期的代表人物。嵇康首先对名教进行了公开的批判，认为名教并不是出于自然，而是当权者"造立"出来的，是不符合人的自然本性的。统治者"造立仁义，以婴其心；制为名分，以检其外；劝学讲文，以神其教"（《难自然好学论》），目的都是为了控制人心。

嵇康还将魏晋时期的言意之辩转化为一种人生态度，即从精神主体来说，强调"得意"就在于"自得"，而要实现"自得"，就必须"越名任心"。他说："夫气静神虚者，心不存乎矜尚；体亮心达者，情不系于所欲。矜尚不存乎心，故能越名教而任自然；情不系于所欲，故能审贵贱而通物情。物情顺通，故大道无违；越名任心，故是非无措也。"（《释私论》）由此可见，在嵇康那里，"越名教而任自然"就是要抛开俗世的干扰，而达心灵的清静，同时也表明竹林名士对个体生存状况的关注，对心灵自由的渴望。

3. 名教即自然

纵观魏晋玄学的整个发展过程，郭象则较好地从理论上融合了儒道，他将以个体精神追求为主的道家学说与以强调社会规范秩序为主的儒家学说有机地结合起来,提出了"名教即自然"的命题。

郭象提出"名教即自然"命题的目的是融合儒道,使外在功名与内在精神合一,这是整个魏晋玄学的真正用意所在。正如郭象在《大宗师注》里所言:"夫理有至极,外内相冥,未有极游外之致而不冥于内者也,未有能冥于内而不游于外者也。故圣人常游外以冥内,无心以顺有,故虽终日挥形而神气无变,俯仰万机而淡然自若……则夫游外冥内之道坦然自明。"(《大宗师注》)郭象认为,"外""内"是"相冥"的,也即名教与自然是相融通的,圣人"游外以冥内,无心以顺有",从而达到内外统一。

郭象"名教即自然"的命题还包含着自然,即名教、仁义之类的道德规范都是人性自然的一部分,社会规范和人的本性之间本不存在所谓的"二分"。"夫仁义自是人之情性,但当任之耳。"(《骈拇注》)同时在郭象看来,在现实社会中,只要人们能够"各安其性",按照名教的规范行事,就能各尽其性,获得精神的自由,即便圣人处于名教之中,其身心也是自由的。郭象对名教与自然关系的这一论证,使名教与自然直接统一起来,从而使名教有了更大的欺骗性。

三、有无之辩

"有无之辩"是玄学争论的主题,在这一问题上主要有何晏、王弼的"贵无论",裴頠的"崇有论"和郭象的"独化论"。

1. 贵无论

"有、无"之论早在先秦就有了端倪,在《老子》一书中"有、无"之辩就已经开始,但是真正从本体论层次上来讨论,"有、无"是从何晏、王弼开始的。

何晏,字平叔,南阳宛(今河南南阳)人,其父早亡,因母亲为曹操所纳,他便被曹操收养。何晏自幼聪颖,是曹魏统治集团的重要人物之一,于公元249年高平陵政变中被司马懿杀害。

王弼,字辅嗣,山阳高平(今山东邹城、金乡一带)人,魏晋玄学理论的奠基人。王弼一生短暂,但却大器早成,"幼而察慧,年十余,好老氏,通辩能言。"比他稍早的何晏曾叹称:"仲尼称后生可畏,若斯人者,可与言天人之际乎!"(《三国志·魏志·钟会传》)王弼曾与当时许多清谈名士辩论各种问题,以"当其所得,莫能夺也"深得当时名士的赏识。在何晏的引荐下,王弼仕途顺利,官至尚书郎。正始十年,曹爽被杀,王弼受案件牵连丢职。同年秋天,遭疠疾亡,年仅24岁。王弼的一生虽然短暂,但其以惊人的智慧为后世留下了《老子注》《老子指略》《周易注》《周易略例》和《论语释疑》等大量著作。

从时间上来看,何晏比王弼要稍早,但是从学术成就上来看,"正始玄风"应首推王弼。

"天下之物,皆以有为生。有之所始,以无为本。将欲全有,必反于无也。"(《老子注》第四十章)"万物万形,归一也。何致一? 由于无也。由无乃一,一可谓无。"(《老子注》第四十二章)这是王弼对有无关系的基本论述,在这一论述中,王弼明确地将"无"看作宇宙万事万物的本体,这里的"无"就是"一",是世界的根源,这明显是一种"本体论"的说法。

王弼不仅把"无"与"一"等同,还把"无"与"道"比拟。王弼在《论语释疑》中说:"道者,无之称也,无不通也,无不由也,况之曰道。寂然无体,不可谓象。"(《论语释疑》)"道"即是对"无"的称谓,"道"是万物遵循的原理与法则,道的"寂然无体,不可谓"即是"无"。以"道"称"无",则"无"的本体意义得以彰显。

当然,王弼以无为本,并非不要有,不要末。在王弼那里,不仅有"以无为本"的一面,还有"崇本举末"的一面。"以无为本""崇本息末"是王弼哲学思想的根本所在。

王弼认为,"无"是本,是最高原则,是不可言说的对象,而"有"是末,是万物的相状,是可以言说的。本末如母子,非截然分离。这样,以无为本的"无"并非悬空的"无",空空如也的"无",而是等同于"道"和"一"的"无"。

王弼不仅阐释本末关系,还第一次提出了体用范畴,并用体用范畴来论证有无、本末的关系,这也是王弼对中国哲学的重大贡献之一。

"万物虽贵,以无为用,不能舍无以为体也。舍无以为体,则失其为大矣,所谓失道而后德也。以无为用,则得其母,故能己不劳焉而物无不理。"(《老子注》第三十八章)

从王弼的论述中可以看出,"无"虽然无名无形,但绝不是空;同时,万物若舍弃"无",则会"失其大",即万物若舍弃"无",就会丧失自己的本体。"万物虽贵",仍然要"以无为用"。在王弼那里,虽然还没有达到"体用一源,显微无间"的程度,但是赋予体用范畴以"本体论"的意义,则是不可忽视的。

2. 崇有论

"正始玄风"刮起的"贵无论"虽然思辨程度很高,但也不免流于"口谈虚浮",以至存在"不尊礼法"之流弊。正是从这个意义上,裴頠提出了"崇有论"。

裴頠,字逸民,河东闻喜(今山西运城)人。裴頠从小聪颖,博学多识,官至尚书左仆射,后为司马伦所杀,年仅 34 岁。裴頠与王弼一样,都属英年早逝,但在学术思想上,两人又有极大的不同,即王弼倡"贵无",裴頠主"崇有"。

就有无的关系而言,裴頠认为"有非生于无",而是"有自生"。

"夫至无者,无以能生,故能生者,自生也。自生而必体有,则有遗而生亏矣。生以为己

分,则虚无是有之所谓遗者也。"(《崇有论》)

裴頠与王弼针锋相对,他认为"至无"即绝对的"无",认为"至无""无以能生",而王弼则认为"至无"产生万物。

"崇有论"和"贵无论"都是玄学的一个派别,都是对本体探寻的一种尝试,两者相互补充,弥补了对方的缺失。然而,无论是"崇有论"还是"贵无论",都有其理论上的缺陷,"贵无论"始终拖着"宇宙论"的尾巴,而"崇有论"则有消解本体的危险。

3. 独化论

既然王弼的"贵无论"和裴頠的"崇有论"都有其理论上不可克服的缺陷,那么就需要一种新的理论来弥补它们的缺失,这种理论就是郭象的"独化论"。

郭象,字子玄,河南洛阳人,官至黄门侍郎、太傅主簿。郭象好老庄,善清谈,是西晋时著名的玄学家。郭象最重要的著作是《庄子注》。

在有无问题上,郭象反对"有生于无"的观点,认为天地间一切事物都是独自生成变化的。郭象赞同裴頠"有不能生于无"的观点,提出了物"自生"而"自有"。

郭角认为:"无既无矣,则不能生有;有之未生,又不能为生。然则生生者谁哉?快然而自生耳。"(《庄子·齐物论注》)也就是说,万物不是由虚无产生的,无不能生有,"无则无矣,则不能生有",从这个方面来看,郭象与裴頠的观点相近。但是,郭象并没有停留在"无不能生有"上,他又进一步提出了"有之未生,又不能为生"的观点。既然"有之未生,又不能为生",那么万物是如何而来的?郭象的回答是"物各自生"而"自有"。

那么,物是如何"自生"的呢?郭象提出了有无统一的"独化而相因"的理论。在郭象看来,"有"和"无"不能互相生化,天地万物作为"有"虽千变万化,但不可能变为"无","有"是常存的。但是,正由于万事万物作为"有"是不断变化的,是一个"化尽无期"的过程,在这个过程中"有"就变成了"无",这就是"有而无之",从而使有无达到了统一。郭象不仅认为万物"独化",从而否定了造物者的存在,而且强调"独化"并非没有联系,所以又提出了"相因"的理论。他认为,事物之间存在着普遍的有机联系,彼此相因而互相为缘。"天下莫不相与为彼我,而彼我皆欲自为,斯东西之相反也。"(《庄子·秋水注》)

郭象"有而无之,独化而相因"的理论是一种类似于现象学的理论,这种理论否定了造物者的存在,克服了传统有无理论在逻辑上无穷上推所产生的问题,达到了理论思辨应有的高度。但作为一种主观辩证法,这一理论并没有揭示宏观世界的内在本质,归根到底仍然是一种相对主义和变相形而上学的观点,只能给人一种似是而非的满足。

四、言意之辩

在先秦和两汉积淀的基础上,魏晋时期思辨的理论水平达到了新高度。如果说有无之辩是玄学对本体的探寻,那么言意之辩则是玄学家对本体表达的一种尝试。按照逻辑发展的顺序,在魏晋时期形成了"言不尽意论""言尽意论"两种观点。

1. 言不尽意论

言语能否表达思想,这是众多思想家一直讨论的问题。"言不尽意说"并不完全否定语言的作用,但是认为语言在表达思想时有其局限性,不可能完全表达思想的全部意思。早在先秦时期,老子就提出了"道可道,非常道;名可名,非常名"的命题,对名言能否表达真理定下了"基调"。庄子则从概念的静止性、有限性等方面对"言尽意论"提出了种种责难,这种责难也引起了各思想家的关注。

魏晋时期,玄学家多关注老庄,无论是何晏、王弼,还是向秀、郭象,对老庄都有很深的研究。魏晋时期,正始玄风的开创者王弼较为系统地提出了"寻言观意,得意忘言"的理论。

王弼认为,言者所以在意,要用言和象来把握意。"夫象者,出意者也;言者,明象者也。尽意莫若象,尽象莫若言。"(《周易略例·明象》)但是,更为重要的是"言"、"象"只是得"意"的工具,"得意者在忘象,得象者在忘言"。

王弼区分了"名"与"称",认为"名"是与对象相对应的,而称谓在于表达所把握的理义。"名也者,定彼者也;称也者,从谓者也。我生乎彼,称出乎我。"(《老子指略》)王弼的言意理论在当时具有反对汉儒烦琐学风的意义,但是由于过分强调了"得意忘言",把"意"看成是脱离"言""象"而独立存在的东西,从而走向了唯心论。

2. 言尽意论

与"言不尽意论"相反,"言尽意论"认为,言词就是用来表达思想的,而且言词能够完全表达出意思。魏晋时期的"言尽意论"以欧阳建为代表。

欧阳建,字坚石,渤海南皮(今河北沧县)人,是石崇之甥。欧阳建自幼勤学,小有名气。

欧阳建不赞同"言不尽意论",在他看来,名、言虽不可能对事物有所增加,但其存在是有必要的,如果没有名、言,人们就不能辨别事物;如果没有名、言,人们就无法表达自己对事物的认识,也不能与别人交流思想。"名之于物,无施者也;言之于理,无为者也。而古今务于正名,圣贤不能去言,其故何也?诚以理得于心,非言不畅;物定于彼,非名不辩。言不畅志,则无以相接;名不辩物,则鉴识不显。"(《艺文类聚》卷十九)欧阳建还进一步探讨了名、言产生的原因和名、言与对象一一对应的必要性。

"欲辩其实,则殊其名;欲宣其志,则立其称。名逐物而迁,言因理而变。此犹声发响应,形存影附,不得相与为二矣。苟其不二,则言无不尽矣。"(《艺文类聚》卷十九)意思是说,辨别形形色色的事物,需要用不同的名,阐发思想也需要用语言,并且名言既要把事物固定下来加以认识,又要随着事物的变化而变化,所以名、言是人们为了辨别事物和交流思想而制定的。

欧阳建在其《言尽意论》中自称是"违众先生",而把当时主张"言不尽意论"的人称为"雷同君子"。正是因其对当时众多"雷同君子"有诸多不满,他才写作了《言尽意论》。该论虽然篇幅不长,但是表达的意思非常明晰,明确肯定了名、言对人类认识的重要性。

第四节　隋唐佛学

自两汉以来,佛教传入中国,其在传播和发展过程中不断与中国固有思想接触、碰撞与融合,最终在隋唐时期形成了天台宗、华严宗、法相宗、禅宗等宗派。这些宗派的形成,标志着佛教中国化的完成。其中,最典型的中国化的佛教宗派禅宗,受到了中国固有文化,尤其是儒学的影响。隋唐佛学的盛行,是中国古代中外文化融合的象征,隋唐佛学是中华文化中一颗璀璨的明珠。

一、佛学传入

两汉、三国时期,是佛学传入时期,也称"格义"时期。这时佛学在绝大程度上还依附于中国固有思想——儒家思想和道家思想而缓慢发展。所谓"格义",也就是"以经中事数,拟配外书,为生解之例",即把佛典中的"事数"和中国固有的思想相结合,以《老子》《庄子》《周易》等典籍相关概念进行比附。而"格义"虽然有助于理解佛典,却也难免歪曲佛典原义。到了两晋南北朝时期,诸多佛教学者不满佛学对传统文化的这种过度依附关系,而提倡自由发挥的般若思想。一时,六家崛起,七宗鼎盛,而般若思想的集大成者则是僧肇。僧肇的《物不迁论》《不真空论》《般若无知论》和《涅盘无名论》被合称为《肇论》,代表着"般若学"发展的高峰。

与"般若学"的盛行相伴,六朝的"佛性说"也极为昌盛。慧远的"法性论"、梁武帝的"真神论"以及竺道生的"佛性论"都对佛性思想进行了探寻。至此,佛学一改传统不谈"本体"的初衷,开始提倡"佛性说",而这种转变正是佛教中国化的表现。

二、佛教宗派

隋唐是中国封建社会空前强盛的时期,在前期文化积淀的基础上,佛教完成中国化的历程转变为"中国佛教",中国佛教哲学也进入了创新与繁荣的阶段。典型的中国化佛教——禅宗异军突起,与老、庄哲学相结合,以否定性的思维反观自心,见性成佛,实现了佛教向内超越的第一次革命。佛教的中国化是一个历史的过程,佛教宗派的创立是佛教中国化的标志之一。佛教宗派的创立始于隋朝,其中天台宗、三论宗、唯识宗、华严宗、禅宗对传统文化的影响尤为深远。

1. 天台宗

天台宗是中国佛教史上最早创立的佛教宗派,其把龙树尊为初祖,把慧文尊为二祖,而实际上,三祖慧思才是天台宗真正的奠基人。天台宗的创始人是智𫖮,因为天台宗依据的主要经典是《法华经》,故天台宗又称法华宗。

天台宗作为中国第一个佛教宗派,既保留了印度佛教的一些传统,又打上了中国传统文化的烙印。天台宗的思想主要是其判教理论以及"止观说""圆融说"和"性具善恶说"。

"止"相当于佛教中说的"禅定","观"相当于佛教中说的"般若",即智慧。天台宗以前,在南北朝时期,佛教在中国的传播过程中形成了所谓的"南慧北定"的传统,这种"南慧北定"的形式显然是对佛教止观的割裂。到智𫖮时,其一改止观分裂的传统,提出了其独特的"止观并重说"。智𫖮分"止"为"体真止""方便随缘止"和"息二边分别止",分"观"为"空观""假观"和"中道第一义观"。

天台宗的"止观说"不仅是对南北朝时期止观分离的融合,还有其发挥和创新,主要表现在以下几个方面。

首先,智𫖮在继承慧思止观双修的基础上,把止观作为转迷开悟的重要方法,这样就打破了止观的自身缺陷,打通了止观并重的修行。

其次,智𫖮还认为止观如车的两轮、鸟的双翼,不可有所偏废,三者应该并重。正如智𫖮在《小止观》中说的:"若偏修禅定福德,不学智慧,名之曰愚;偏学智慧,不修禅定福德,名之曰狂。"

最后,智𫖮的"止观说"还有其特定的含义,即其与圆融思想结合在一起形成了"体真止""方便随缘止"和"息二边分别止",以及"空观""假观"和"中道第一义观"。

天台宗的"止观并重说"与其说是自身的独创,不如说是那个时代特征的反映。隋朝虽是个短命的王朝,但却结束了两晋南北朝的分裂格局,形成了统一的王朝,这种政治的统一必然体现在思想上,同时也有儒家"和"的哲学思想的影响,这在天台宗"圆融说"中表现得尤为明显。

2. 三论宗

隋朝时期,除了天台宗以外,还有三论宗。三论宗早在南北朝时期就初见端倪,南北朝时期的三论学派实际就是三论宗的前身,三论宗的实际创始人是吉藏。

吉藏,俗姓安,其原籍为西域安息国,后先祖因为避仇而移居南海,住于交趾(今越南)和广西一带,后来又迁到金陵(今南京),吉藏就出生于金陵。在吉藏很小的时候,其父便带他去拜访著名译经家真谛,"吉藏"就是真谛为他取的名。

三论宗以"三论"而得名,所谓"三论",即龙树的《中论》《十二门论》和提婆的《百论》,它们都是印度大乘佛教中观学派的纲领性作品。隋炀帝大业四年(公元 608 年),吉藏完成其佛学体系的纲领性著作——《中论疏》《十二门论疏》《百论疏》,这标志着三论宗思想体系的正式形成。吉藏一生创宗立说,著述巨丰,广设讲座,盛弘"三论",对中国早期佛教关于"般若中观学说"的错误理解做了批判与澄清,对中国未来佛教的发展,特别是对禅宗、华严宗、唯识宗等宗派产生了重大的影响。

贞观之后,"三论"渐衰,但吉藏弟子慧灌将"三论"传入日本,在日本颇为流行。

3. 唯识宗

与天台宗多注重自身发展不同,唯识宗的思想体系更多来源于印度,相比较而言,其体系更加严谨、完备。唯识宗以万法唯识为基础,提倡"一分无性说",从而成为唐代一个比较有特色的宗派。

唯识宗开创于唐代著名高僧玄奘,大成于玄奘的上座弟子窥基,所以唯识宗的创始人是玄奘及其弟子窥基。

南北朝以来,佛性问题成为主要问题。本有与始有之争、众生有性与阐提无性之辩一时成为佛界讨论的焦点。自竺道生提倡"众生皆有佛性"以来,这一观点已基本为学者所接受。而唯识宗本着印度的传统,提倡"五种姓说",最终得出"一分无性"的结论。

"五种姓说"是唯识宗的重要理论之一。唯识宗认为,一切众生先天具有五种种姓,不可更改。具体来说,这五种种姓为声闻乘种姓、缘觉乘种姓、如来乘种性、不定种姓、无种姓。唯识宗认为,此五种种姓证得的果位各不相同。前三者分别可以证得罗汉、辟支佛、菩萨的果位不定种姓"可上可下",若近声闻就修行声闻法,若近菩萨就修行菩萨法,故称"不定种姓";无种姓即无善根种子,永不可成佛。唯识宗的"无种姓说"从理论上瓦解了众生平等,众生均不愿接受。因此,在中国唯识宗是一个短命的宗派。

4. 华严宗

华严宗将杜顺作为自己的远祖,相传杜顺和尚系文殊菩萨转世,随悟入华严法界,首创华严宗。华严宗是以龙树的《大方广佛华严经》为主要经典而建立起来的宗派,法藏是华严宗的创立人,被尊为"华严宗三祖"。在教义理论上,华严宗以"一真法界",即真如佛性作为一切现象的本原,构建起以"四法界""十玄门""六相圆融"等为基础的"一即一切,一切即一"的思辨体系。

华严宗与天台宗虽然在教义上千差万别,但是在"圆融"上是一致的。当然,天台宗的圆融更多的是理性的思辨,而华严宗的圆融则杂有诡辩的成分。

5. 禅宗

相传禅为菩提达摩所创。因其在少林寺面壁九年修持佛法而著称,后世便以达摩为中国禅宗初祖。达摩以后又有嗣法弟子慧可、僧璨为其再传弟子,璨之弟子为道信,信之弟子弘忍立东山法门,被奉为禅宗五祖。弘忍门下分赴两京弘法,各名重一时,帝师神秀、六祖慧能二人分立北宗渐门与南宗顿门,时称"南能北秀"。神秀以渐修见长,慧能以倡顿悟法门著称,后慧能南宗昌盛,慧能因此被奉为六祖。禅宗主要以《楞伽经》《金刚经》《大乘起信论》为教义根据,禅宗的《坛经》是中国唯一一个被称为"经"的佛学著作。

隋唐佛学除天台宗、三论宗、唯识宗、华严宗、禅宗外,还有净土宗、密宗、律宗等宗派,这里只列出天台宗、三论宗、唯识宗、华严宗、禅宗,主要是因为这几家思想对中国佛学思想乃至中国传统文化影响至深。实际上,从信仰的角度来说,净土宗对中国影响也不小。其因专修往生阿弥陀佛净土法门而得名,以《无量寿经》《观无量寿经》《阿弥陀经》和世亲的《往生论》为该宗所依经典,在解脱论上主张在他力的基础上前往西方极乐世界。

第五节　宋明理学

儒学在宋代主要以理学的形式得到了复兴。作为封建社会后期的官方哲学,理学占据了意识形态的统治地位。在理学内部,既有唯心主义(程颢、程颐,又称"二程")和唯物主义(张载)的争论,又有客观唯心主义(朱熹)和主观唯心主义(陆九渊、王守仁)之间的分歧。

一、理学的奠基

理学奠基于北宋,当时著名的理学家周敦颐、邵雍、张载、程颢、程颐是理学的奠基者,被后人称为"北宋五子"。

周敦颐是宋代理学的第一个思想代表,他把道教修炼内丹的"图"改造成了关于宇宙的图式,并以《太极图说》来阐明自己的思想。他认为太极和无极是统一的,是"一",这个"一"动静变化生成阴阳二气,阴阳二气又变化结合形成五种特殊实物,即金、木、水、火、土,万事万物就是从这五种特殊物质变化而来的。这实际是一种把精神本体(太极)作为宇宙本体并产生万物的唯心主义理论。周敦颐将这样一种宇宙论推演到人道观,认为"无极而太极"是自我运动的结果,是宇宙本体的自我运动产生了"得其秀而最灵"的"人"。而圣人为人类"定之以中正仁义",人们只要按照圣人的教诲,做到"无欲""主静",就可以符合最高之理。

邵雍和周敦颐一样,着重讲宇宙形成论,但邵雍主"八卦说"。邵雍利用象数关系来推演世界的发展及其周期过程。邵雍"先天象数学"的特点是用"加一倍法"来推演的。具体讲就是,太极是"无体"的"一",通过"一分为二"就有了天地,"二分为四""四分为八"就有了"天之四象"——日、月、星、辰,"地之四象"——水、火、土、石,这"八象"又可"八分为十六"。用这种方法推演下去,从"一"到"万",把整个宇宙史、人类史都统摄了进去。这个枝繁叶茂的"先天象数学"是邵雍主观虚构的一个体系。

周敦颐把"太极"作为世界的本体,邵雍把本体的"太极"归于"心","二程"则把"心"或"道"归于"理"或"天理"。程颢说:"吾学虽有所授受,'天理'二字却是自家体会出来。"(《外书》)此处程颢明确指出,"二程"在本体论上虽受周敦颐、邵雍影响,但却是自家的发展和创造。从"二程"开始,正式将"理""天理"作为哲学的基本范畴,为封建社会后期的官方哲学——"程朱理学"奠定了基础。

"二程"首先设定一个独立于万事万物的客观精神实体——天理,这个天理"莫之为而为,莫之致而致"(《遗书》卷十八),有一种人力无法抗拒的神秘必然性,是真实存在的唯一本体。"二程"不同于周敦颐和邵雍,并没有费心思去构造宇宙的起源和演变的图式,而是直接对天理进行了本体论的论证。他们认为,天理"不为尧存,不为桀亡""寂然不动,感而遂通"(《遗书》卷二上),是永恒不变但感而遂通的形而上的本体。

张载,字子厚,北宋长安人,因家住陕西凤翔郿县横渠镇,故世称其"横渠先生",因讲学关中,故其所创立的学派被称为"关学"。张载虽然也是"北宋五子"之一,但却是北宋理学中唯物主义的代表。

张载主要的思想贡献首先在于提出了根本不同于"二程"的"气一元论"唯物主义思想,张载系统阐述了其"太虚即气"的唯物主义本体论。他认为世界的统一原理是气,无形的太虚,有形的万物,都是同一种物质实体——"气"的两种存在形态。太虚是气散而未聚的本然状态,万物则是暂时凝聚的"客形"。这里的"客形"既是认识对象的具体实物,又是变化的物质运动形式。张载主张不能把有无对立起来,分割开来,空无一物的"无"是没有的。气本身就是"有无、虚实统一物者"。"太虚即气"命题不仅说明了气是"有无"的统一,还说明了气是动静的统一。"气块然太虚,升降飞扬,未尝止息。"(《正蒙·太和》)"此动是静中之动。"(《易说·复》)也就是说,"太虚"之气永恒地运动着,而这种运动是动与静的统一。

张载作为理学家,也非常重视理想人格的培养问题。他把理想人格的培养过程看作是凭借"知"和"礼"来变化气质以成就德行的过程。张载认为教育人的主要内容是"礼","礼"是全部封建统治制度,是理学家要维护的事业。张载主张人们在观礼、习礼的过程中提高修养。

张载还认为,"知"与"理"结合就能"成性",就能造就理想人格。"知礼成性,则道义自在此也。道义之门盖由仁义行也。"(《易说·系辞上》)他认为,"知"和"礼"结合成就了人的德性,道义就由德行产生出来,因此人都能自觉地"由仁义行",同时人也要凭借意志力"自勉",勤勉不息,持续不已为善,才能"成性"。张载在这里基本上恢复了先秦儒家关于理性和意志、自觉和自愿的原则相统一的思想。然而,"成性"的最终结果是与"天命"为一,这就走向了宿命论。

张载的哲学思想对后来的正统理学家(如朱熹)产生了一定的影响,对明清之际的唯物主义思想家王夫之也有很大的影响。

二、朱熹的"理一元论"

朱熹,字元晦,号晦庵,徽州婺源(今属江西)人,著作有《晦庵先生朱文公文集》《朱子语类》《四书章句集注》《太极图说解》《西铭解》《通书解》。朱熹是正统派理学的集大成者,他建立了庞大的客观唯心主义的"理一元论"体系。

"理气(道器)"问题是理学的核心问题之一,朱熹继承和发展了"二程"的理论。

朱熹说:"理也者,形而上之道也,生物之本也。气也者,形而下之器也,生物之具也。"(《文集》卷五八)意思是说,理是产生万物的"本体",是物形成的道理,所以是形而上之道;气是产生万物之"具",就是形成物质的材料,材料是具体的器物,所以是形而下的器。朱熹认为,任何具体事物的生成要有理,也要有气,一切事物都是理和气的结合,但就形而上和形而下之分来说,则是理在先,气在后。

为了说明无形之理形成万物的过程,朱熹提出了"理一分殊"的命题,其哲学具有更强的分析精神。

在人性问题上,朱熹发挥了张载和"二程"的思想,把"人性"分为"天地之性"和"气质之性"。"天地之性"专指理本身,但理表现在每一个人身上则与气不能相离,与气相杂的理就成了"气质之性"。朱熹认为,理是至善的,所以"天地之性"也是至善的;气有清浊昏明之分,所以气质有善也有恶。人的贤愚就是因为所秉的气有昏浊,所以人才有贤愚高下之别。与"天地之性"和"气质之性"对应,朱熹赋予"命"以双重意义。也就是说,"气禀之命"不仅决定生死,而且决定人们之间的贫富、贵贱、贤愚等差别,这些差别是由天生的气禀所致,因而是无法改变的,这是极端的宿命论。后来,朱熹又提出了"复性说",是一种精致的宿命论。

在"知""行"问题上,朱熹认为两者不可偏废,主张"知""行"统一,指出"行"的重要,但同时他又肯定"知先行后",实质上是把"知"和"行"割裂开来,承认先有一个"知"的阶段,但在这个阶段里不存在"行"。

朱熹的"知"指的是唤醒心中的"天理","行"指的是封建道德的践履。

至于唤醒"天理"的途径,朱熹提出了"格物致知"的说法。他发展挥了程颐的"格物说",认为"所谓致知在格物者,言欲致吾之知,在即物而穷其理也"(《大学章句·补格物传》)。朱熹认为,人的心有天赋的知识,人的认识活动就是唤醒被气禀所拘,人欲所蔽了的"天理",同时"知"就是穷尽天下之理,人通过今日格一物、明日格一物的积累过程,一旦豁然贯通,就得到了真理。这是一种神秘主义理论。

朱熹还指出,"格物致知"的方法,首先是在博学的基础上探求规律性的知识,其次还需要以分析为主的精思明辨,最后还得加上一般和个别相结合的推理方法。由此可知,朱熹将"格物致知"作为方法论,要求博学基础上的辨析、类推,包含一定合理因素。

三、陆九渊和王守仁的"心一元论"

陆九渊,字子静,江西抚州金溪人,曾讲学于贵溪象山,自称"象山居士",世称"象山先生"。他在十几岁写读书笔记时就写道:"宇宙便是吾心,吾心即是宇宙。"这也是其后来的哲学宗旨。

心的观念是陆学最重要的观念。陆九渊认为,任何人都有先验的道德理性,这就是"本心"。这个"本心"提供道德法则,发动道德情感,故又称"仁义之心"。由于本心是每个人先天具有的,所以是不虑而知、不学而能的"良知"。人的一切不道德的行为都根源于"失其本心",因而一切为学工夫都应围绕着保持本心,以免其丧失。陆九渊的本心思想来源于孟子。陆九渊所说的"本心"不是抽象的或隐蔽的神秘实体,而是指人的道德意识和情感,也就是孟子所讲的"四端"。

在为学之方上,陆九渊与朱熹曾发生重大的争论。在鹅湖之会上,朱熹主张"泛观博览而后归之约",陆九渊则主张"先发明人之本心,而后使之博览";陆九渊强调先立其大,直接达到"心即理",朱熹则强调先"格物穷理",之后才能达到"吾心之全体大用无不明"

的境界。

实际上,朱熹和陆九渊在为学之方上都有其独特所见,但也都有其蔽处。朱熹教人读书明义理,虽不同于汉学章句训诂之学,但他过分强调"泛观博览",也有流于支离、烦琐之弊,所以陆九渊的批评有其合理性。而陆学近禅,反对分析,近乎于叫人囫囵吞枣,非常空疏,也比较粗糙,并没有产生太大的影响。但到了明代,王守仁阐发了陆九渊的"心学",使之成为一个完备的哲学体系,产生了重大的影响,并打破了自南宋以来的"程朱理学"独尊的局面。

王守仁的"心学"是以反对程朱理学的姿态出现的,他的学说一方面从更彻底的唯心主义角度来批判程朱理学,另一方面也破坏了程朱理学的教条,启发了李贽等人的异端思想。

王守仁用"致良知"来概括其全部学说,他把"良知"作为"心之本体",强调"心外无事""心外无理",就是说"心"是身体的主宰,而心的"灵明"不为物欲所蔽时,就是本然的"良知"。"良知"作为意识主体应感而动,便有种种活动或意象作用,观念活动或意象作用便表现为事物。

王守仁认为人的本能是知行合一的,而且人类一切的复杂活动、有意识的作为也都是知行合一的。人类有目的的活动都是知行统一的过程,"知之真切必见于行,行之明觉正在于知",这个统一的过程开始于观念,要有观念做指导才得以行,但这并不意味着知先于行。王守仁虽然反对割裂知行关系,但最终却使行归属于知。

王守仁还从"心外无学"来讲"格物致知"。朱熹将"格物致知"解释为"即物穷理",而王守仁则把"格"解释为"正","格物"就是"格心",即在心中做去恶为善的功夫,而"致知"就是使心中的"良知"明白起来,这里包含着"知行合一"的思想,但"格物"就是"格心"的观点是主观唯心论。从这个观点出发,王守仁强调是非、真理标准都在良知中。如果良知认为错了,即使圣人说的话也不能认为是对的,这为后来李贽提出其理论提供了契机。

王守仁根据"因时制宜"提出了"六经皆史"的观点,他把儒家经典看作是一定历史条件下的产物,认为应该以历史的眼光来看待"六经",这就大大降低了经典的神圣地位。同时,王守仁并没有把"心体"(良知)看作是静止不变的,他把"六经"看作是心体展开的历史过程,并把个人的智慧增长看作是心体的发育过程。

对于世界观和人的德性的培养方法,程、朱、陆、王都认为应该通过"存天理,灭人欲"的途径以求"复性"。但陆王心学更强调"圣学只是求诸内心"这一理念,王守仁同时把求助于内心的"致良知"理念展开为一个过程，他多次以种树为喻来说明人的培养教育过程。同时，在培养人的德性方面，他还强调要贯穿"知行合一"的方法，这就含有理智与意志相统一、自觉原则与自愿原则相统一的意思。这种方法对程朱抹杀自愿原则的方法有所纠正，他强调对人的教育要"随才成就"，认为根据每人各自的具体情况做格物致知的功夫，这样就不会有束缚感，就能使个人自觉、自愿地接受教育。

第六节　清代朴学

明清之际出现了一批进步的思想家，他们从明朝覆灭、清兵入关的整个过程看到了理学空谈误国的害处，试图从现实的角度对宋明理学进行批判性总结。其中，黄宗羲、顾炎武、王夫之三个伟大的学者在批判理学的过程中担负起了对中国古代哲学进行总结的任务。在对理学的批判过程中，各派学者对汉代的经学也有所发展。

一、明清之际的哲学批判

清初出现了一批进步的思想家，如黄宗羲、顾炎武、王夫之等。他们都有强烈的爱国之心，为了回答现实问题而从事理论和学术研究。他们从明朝灭亡中汲取教训，看到宋明理学对社会造成的祸害，试图对宋明理学做批判的总结。他们的批判基本上是从地主阶级改革派的立场出发，但也反映了市民阶层的要求，某些言论已触及封建主义本质，包含了民主主义的新思想。同时，在这一时期，经学以其治经的新方法给学术界增添了新鲜空气。

黄宗羲，字太冲，号南雷，学者称其为"梨洲先生"，浙江余姚人，十九岁时赴京为父讼冤，后从学于大儒刘宗周。清兵南下之际，黄宗羲曾领导起义，晚年从事讲学活动。黄宗羲学识渊博，对天文、算术、乐律、经史百家及释道之书，无不研究。他在史学上的研究尤大，学风影响了清代的浙东史学学派。黄宗羲的思想是从批判理学开始的，他首先批判的是理学与社会脱节的学风。他强调人们研究学术必须着眼于社会实际，表现出求实的倾向。他的经世思想和求实精神还表现在经学和史学研究上。关于经学，他撰有《易学象数论》6卷，重在用历史分析方法力辩象数学之伪。其著作主要有《明儒学案》《宋元学案》《明夷待访录》《孟子师说》《南雷文案》等，后人将其著作汇集为《梨洲遗著会刊》。

顾炎武，江苏昆山人，原名绛，是明清之际又一位富有特色的进步思想家。明亡后，他改名炎武（又作"炎午"），因其故居有座称"亭林"的园林，学者多称他"亭林先生"。顾炎武早年参加复社，议论朝政，反对宦官权贵。明亡时参加起义，后失败，十谒明陵，遍游华北。他后半生广集资料，到各地调查访问，致力于边防和西北地理的研究。顾炎武晚年卜居华阴。其学问渊博，对经史百家、天文、地理、典章制度、金石文字等都有研究，尤音韵学成就为最大，其致经侧重考证，对后来考据学中的吴派和皖派都有影响。顾炎武的主要著作有《日知录》《音学五书》《亭林文集》。

顾炎武尖锐批评明代以来社会中流行的"八股"之风，指出："八股之害，等于焚书。""而败坏人才，有害于咸阳之郊所坑者但四百六十余人也。"(《日知录》卷十六"拟题"条）他提倡学者要有独立思考的精神。顾炎武的治学方法，在注重实地调查和善于归纳这两方面都很有特色。"经世致用"思想使他不再满足只依靠书本的学习方法，而致力于用实际知识来验证书本知识，进而得到书本上没有的知识。顾炎武后半生的 25 年，"足迹半天下，所至交其贤豪长者，考其山川风俗，疾苦利病，如指诸掌"（潘耒《日知录序》）。

顾炎武用以归纳的材料来源广泛，不仅有经书，而且有史书、子书、文集、诗赋、谣谚，甚至医书等。他采用陈第的方法，把归纳本书的内容称为"本证"，把归纳它书的内容称为"旁证"。这样的归纳工作在顾炎武之前就有人做过，但顾炎武所做的更加完备，超越了前人，他这种用归纳的方式研究经书内容的方法，后来发展为"考据"方法的一种。

王夫之，湖南衡阳人，因其晚年居于衡阳的石船山，故学者多称其为"船山先生"。王夫之早年起义兵败入狱，后隐居山林，刻苦研究，著述 40 年。王夫之的学术思想在哲学、经学、史学、文学方面贡献巨大，他在天文、历法、数学、地理方面也有所研究。王夫之的著作有《周易外传》《尚书引义》《春秋世论》《读四书大全说》《老子衍》《庄子通》等，后人将其整编为《船山遗书》。

王夫之对中国传统哲学进行了全面的总结。王夫之对"名实观"进行了总结，王夫之站在唯物主义立场上对名、实、言、意、象与道的关系做了总结，从"名实统一"的观点出发，王夫之提出了"言、象、意、道"统一的理论。其"言、象、意、道"统一的逻辑论，揭示了名实的辩证运动，批判了中国古代哲学中的唯心论，比前人更深入地阐明了"类""故""理"的逻辑范畴，较荀子的《易传》在逻辑思维方面有了很大的提高。

王夫子从"气一元论"出发对哲学史上的理气（道器）问题、心物（知行）问题进行了总结。王夫之认为，气是宇宙存在的形式，理依于气，作为事物共同本质和普遍规律的"道"与作为个别、特殊的具体事物是统一不分的，这就用唯物主义"宇宙观"否定了程朱理学把"理"作为世界主宰的观点。

王夫之还提出了"理势合一"的历史观。王夫之用"理势合一"的命题表达了其历史观。他认为，"无其器则无其道"，人类历史是不断变化的，每个历史时期都有其特殊的规律，历史发展的规律就是"理势合一"的过程。因此，人应该通过"势"来认识历史发展之"理"。王夫之虽然还不可能提出真正科学的历史观,但他把历史理解为"理""势"统一的过程,要求人们通过偶然性去发现必然性,这无疑是一个重要的理论贡献。值得一提的是,王夫之以深刻而完备的思想反映了明清之际时代精神的精华,他在重新整理古代典籍的过程中,吸收了丰富的思想精华,使其朴素唯物主义理论中贯穿着辩证思维,并且使其理论水平达到了当时社会所能到达的高度。

二、乾嘉学派

清康熙以后直至嘉庆年间,学术和思想呈现较以往不同的特点。这是因为这一时期的多数思想家和学者都遵循汉代的学术(主要是经学),又因为他们追求一种朴实无华的学风,所以这一时期的学术思想被称为"朴学"。在乾(隆)嘉(庆)时期,由于重视训诂考据的研究,所以这一时期的学术思想也被称为"汉学""乾嘉学派""乾嘉学术"。

汉学、朴学、考据学,作为一种流行百余年的学术思想潮流,其产生既有社会方面的原因,也有其自身发展的原因。清朝统治者用武力征服全国以后,对汉族知识分子实行软硬兼施的政策,使士人的思想不能逾越一定的范围。考据学既不触动清政府的专制统治,又有较强的学术吸引力,符合清朝政府的需要。

清代学术思想以"汉学"的形式出现,也有学术自身发展的轨迹可循。明代以后,宋明理学不断遭到进步思想家的批判。尽管这一时期有新思想产生,但这些思想在清代始终得不到继续成长发育的土壤。在当时的历史条件下,清代的思想家和学者在否定理学之后,只能回头看,把目光转向遥远的古代。他们企图因循汉儒的途径,从经学的研究中找到治世的真理和方法。这一时期的汉学代表人物有阎若璩、胡渭、毛奇龄、顾祖禹等,他们对经典和史实进行了勤奋的攻读和考证,写出了大量著作,并从考据出发对典籍的一些字义进行了怀疑。此时的经学家们进行的考据和怀疑是有积极的学术效果的,他们采用由音韵考据以通义理的方法论原则,形成了一套完整的治学方法与学术思想体系。这时期的经学通常被分为吴、皖两派,两派中又以皖派的戴震较为著名。

戴震,字东原,安徽休宁人,他是清代乾嘉时期著名的学者,无论是对自然的天文历算,还是对古文字的音韵训诂及对古籍的编校注释,都做出了很大的贡献,被认为是汉学大师。但是,戴震自己认为这些属于"考核文章"之事,不是他做学问的目的,他的目的主要是通过"考核文章"以求得"义理"之明,如他所说的"由字以通其辞,由辞以通其道"(《与是仲明论学书》),所谓"义理"和"道",即指现象背后最根本的原因。

戴震一生著述很多,他对其在中年以后所著的《孟子字义疏证》看得很重。他自己说过,"仆平生著述之大,以孟子字义疏证为第一"(段玉裁:《戴东原集序》),这使得戴震将主要注意力放在了对理学的批判上。此外，戴震还是一个科学家，他在哲学上的唯物主义思想与科学研究是相联系的，他对音韵学、地理、天文、数学等科学的研究方法也与整理古籍有很大关系。他的局限性也在于此，他没有走进实验室，也没有深入社会，在政治上没有提出积极的方案，使其著作没有理想的光芒。

乾嘉时期，汉学成为思想主流，烦琐的学风重新兴起，这引起了其他学者的批判，其中最著名的是章学诚。

章学诚强调学术的宗旨和目的在于实用，反对趋时好名、为学术而学术的风气。他说："世之言学者，不知持风气，而惟知徇风气，切谓非是不足邀誉焉，则亦弗思而已矣！"（《文史通义》内篇二《原学》下）这里所说的"风气"是指学术思潮。章学诚认为"风气"是循环发展的，在风气面前，学者必须有自己的独立见解，"持世而救偏"。他批评当时学术思想界的"趋时好名，徇末而不知本"（出处同上）。所谓"本"，即学的根本和目的。他批评"专门汉学"笃守经传训诂，眼界狭小。汉学家穷尽毕生精力于经传的训诂考证，他们之中的佼佼者虽有"由字以通词，由词以通道"之说，但是绝大多数的汉学家把训诂考据当作"道"。章学诚批评汉学家在研究方法上的循规墨守，主张独立思考。他说："近日学者风气，征实太多，发挥太少，有如桑蚕食叶，而不能抽丝。"（《文史通义》外篇三）他认为这种学风是"德之贼也"。

章学诚学术思想的基本出发点是"明道"。所谓"道"，不是圣人的经训，而是客观事物的法则。关于学术与道的关系，章学诚认为，学术是自然事物与人事的描绘和记录。当自然事物与人事随着历史的发展而消逝后，它就以学术的形式保存下来，道也体现在其中，即所谓"学术当然，皆下学之器也，中有所以然者，皆上达之道也"（《文史通义》外篇三）。章学诚以此论证了"六经皆器"。

章学诚十分重视古代的学术遗产，强调进行贯通的综合研究。他强调"会通"，反对死记硬背古人的言论。"通今"是章学诚学术思想的一条重要原则。"通今"是指学问之道要对当前的现实有所辅益。章学诚还从学术发展史的角度说明学术应因时而变，强调"知时"的重要性。

鸦片战争后，西方思想的引入对传统思想形成了巨大的冲击。戊戌变法时期，维新派思想家康有为、梁启超等一面批评旧学，一面提倡新学，引起了旧学与新学激烈的争辩。20世纪初，资产阶级革命派以更激进的姿态，继续举起新学的旗帜向旧学发起新的冲击，终于在五四运动时期，革命派思想家以"科学""民主"为旗帜，发动了影响深远的思想解放运动。

课堂感悟

1. 汉代经学对中国传统文化的影响。

2. 魏晋玄学的基本精神及其对中国传统文化的影响。

3. 佛学对中国传统文化的影响。

4. 宋明理学的基本精神及其对中国传统文化的影响。

推荐书目

1. 李存山：《中国传统哲学纲要》。

2. 周桂钿：《中国传统哲学》。

3. 宋志明：《中国传统哲学通论》。

第三章　中国传统教育制度

知识目标

1.了解中国教育机构的发展历史；

2.了解科举制度的发展历史；

3.理解科举制度的形式和内容；

4.了解科举制度的影响。

关键词语

官学教育　私学教育　书院教育　科举

第一节　中国教育机构的发展

一、官学教育的发展

中国古代官学是传授管理国家经验、培养治国人才的场所,备受历代统治者重视。

1.夏商代的官学

在夏商代,教育是奴隶主享有的特权,贵族为了巩固和扩大奴隶制统治,既要镇压本部族奴隶的反抗,又要征伐其他部族,其中军队起了决定性作用。为适应这种政治需要,教育的目的就是要把本阶级成员及其后代培养成能射善战的武士,同时人伦道德教育和以敬天祖为中心的宗教教育也是当时学校教育的内容。

2.西周时期的官学

西周时期生产水平有限,书写的材料又非常昂贵,只有官府才有教育的财力和物力,同时在宗法制条件下,父死子继,不传他人,只教其子,造成学术只在官府这个很小的圈子里传播,只有为官的人才能掌握学术。他们以官府为传播基地,教其子弟,而且当时的社会教师由职官兼任,官与师尚未分离,奴隶主阶级是社会物质资料和精神资料的垄断者。因此,造成了当时学在官府、政教合一、官师不分,只有贵族子弟才能享受教育,庶人贫民没有受教育的权利,只有官学、没有私学的现象。但西周的学校教育制度也有发展,既有小学和大学的区分,也有乡学、国学的衔接,教育的内容是"六艺",这些都体现了当时文化发展的成果。

3. 春秋时期的官学

贵族的世袭制度使贵族的文化知识与其权位无直接关系,导致贵族不想学习,不重视教育,而官学又只以贵族为教育对象,从而使官学衰落成为必然。同时,随着社会经济的发展,社会关系有了很大变革,王权衰落导致官学荒废,战争动乱使有一技之长的人到民间以技艺谋生,使很多原来被贵族垄断的文化学术向社会下层扩散,导致了私学的产生和发展。由于私学具有自由办学、自由就学、自由讲学、自由竞争等优势,因此,春秋时期私学逐渐取代了官学。

4. 战国时期的官学

战国时期的教育,是春秋时期教育的延续并达到鼎盛,其以私学为据点形成和发展了一些著名学派,人才辈出,并出现了"稷下学宫"这样一所由官家举办、私家主持的汇集诸多学派、以自由讲学为特色的高等学府。儒家、法家、道家、墨家等学术流派百家争鸣,形成了中国教育思想史上的一个高峰。

5. 秦朝时期的官学

秦始皇统一六国后,以法家学说和法治思想指导教育实践,而法家排斥知识和道德的价值,强调专制主义的教育原则。为了加强中央集权的君主专制,秦朝颁布挟书令,禁私学,以法为教,以吏为师,同时焚书坑儒,毁灭文化载体,这是历史的一次大倒退。但秦朝也在朝廷立博士,在地方设三老,统管从中央到地方的文教。

6. 汉朝时期的官学

秦灭亡后,汉朝建立,解除了对私学的禁令。

在汉初,由于政治不稳定,官学未建立,私学承担了培养人才、传播文化和发展学术的任务。同时出现了针对不同人群的私学,如有精师大儒自立的"精舍""精庐",有教儿童的小学,并且程度相当于太学。

私学可以自由择师,且与太学一样皆以儒经为教学内容,学生学成之后同样可以出仕。

一方面,官学限额较严,入学有资格的规定,且制度不尽完善;另一方面,复杂的政治斗争和社会动乱使一批名儒不愿出仕,选择退而授徒,这使得汉代私学蓬勃发展,异常兴旺,学生人数远远超过太学。

尽管私学繁荣,但培养的人才规格各异,思想不一,很难满足封建集权国家对人才的要求。于是,政府为了直接掌握教育大权,决定人才的培养目标,在中央兴办太学,整齐学术,促进了儒学独尊的实行,同时在地方设置一系列郡国学校,还有特殊的鸿都门学。

中央太学和地方官学为中国封建社会的官办学校制度提供了基本框架。而私学中的书馆和经馆不仅是对春秋战国时期私人讲学传统的继承,实际上也是后来私塾、书院的历史渊源。

7.魏晋南北朝时期的官学

在三国两晋时期,学校教育虽不能说全部停顿,但总是在若有若无的状态中整体上呈现衰退现象。而在南北朝时期,学校相比前期来说则稍为发达,新的制度有所建立,但由于各朝民族、地理、历史背景的差异,对学校的重视程度也各有不同。因此,魏晋南北朝时期官学呈时兴时废、似断又续的衰弱情况,虽然还在,但不受重视。

魏晋南北朝时期政权更替频繁,社会动乱不定,官学时兴时废,私学就在这样的社会状态中发展并活跃起来,形成了道、佛、玄等学派百家争鸣的局面。私学多为名师大儒开办,不仅质量与规模超过了官学,而且分布面更广,类型也多样化。

8.隋唐时期的官学

唐代由于社会经济发展,国力强盛,科学文化繁荣,在唐初至唐中叶的近百年间,封建官学教育重新兴盛,其发展实为历史罕见。唐代官学有中央官学和地方官学两种。从理论上讲,学校的任务是兴教化、育人才。实际上,唐代时学校的全部工作可以归结为向尚书省输送参加科举考试的考生以及成为官僚的培养机构。中央官学主要有国子监六学和弘文、崇文二馆的六学。唐代地方官学设京都学和州府县学,令长史主持,设文学、助教负责教学。

隋唐时期,由于官学稀缺,因此政府支持并鼓励私学发展。当时的隋唐都有政治比较安定的时段,而和平又有利于农业的发展和经济的繁荣,这些都成为民间私学发展的基础。因此,隋唐时期官学繁荣的同时私学也颇发达,但从总体而言,前不及汉,后不及宋。

隋唐时期,官学与私学并举,以官学为主,私学作为补充。官学重在培养未来的官僚后备人才,以有一定文化知识的青年和成人为主要对象,学习的基本内容是儒家的经学,灌输封建道德,造就行政管理人才为国家所用;而私学由于不局限于儒家经学,不受学术派别、学科、专业等限制,凡是社会需要的知识技术,都会有人传授,因此除了承担基础教育这个重要任务外,还承担了比官学更广泛的传承民族文化的任务。在社会发生动荡、战乱或改朝换代时期,官学会因受到较大冲击而停滞或荒废,而私学虽然也受影响,但由于其比较机动灵活,可以避害减灾,因此得以延续。

9.宋辽金元时期的官学

宋朝统治者确立了兴文教的政策,尊孔崇儒,重视科举,重用士人,教育对象的范围逐渐扩大,身份品级的限制也比唐代有所放宽。通过三次兴学,在中央设立国子监诸学,在地方上设立了州县学完备的官学教育系统。在宋代官学中,以太学最为重要。

北宋初年,朝廷需要大批治术人才,士子普遍要求就学受教,而朝廷尚未有暇顾及兴学,于是私学教育应运而兴。随着三次兴学运动(重点在于兴办官学)的发起,官学教育得到发展。但是,私学教育并未因此而消退,反而在新的条件下进一步发展。到了南宋时期,偏安江南,官学虽有发展,但多有名无实,私学教育则进入一个新的阶段。南宋时期的私学有了更明显的分化,分为两大类:一类是教授识字和日用基本知识的小学或蒙学;另一类是为年龄较长、程度较高的青年学子设立的研究学问或准备科举的书院和经馆。宋代的私学教育造就了学者,学者的活动又推动了私学教育,这是宋代私学教育最显著的特点,也是其最重要的贡献。

辽、金、元基本承袭了宋代的学校教育制度,统治者们在大力推行汉化政策的同时,在中央和地方设立了具有民族特色的学校类型,促进了民族文化教育事业的发展。

10. 明代的官学

明代很重视官学。明朝开国皇帝朱元璋对学校的作用认识得非常深刻,制定了"治国以教化为先,教化以学校为本"的文教政策,并在中央设立国子监(较之宋元有所发展且具有特色,如创立了监生历事制度,实行积分法)、宗学、武学等,在地方设府学、州学、县学等,形成了从中央到地方相互衔接的学制系统和比较完善的教育网络。但明朝统治者采取种种措施加强对学校的控制,实行文化专制管理,重视科举制度,使学校进一步成了科举制度的附庸。

由于明朝文化专制的加强,以及受统治阶级内部矛盾的影响,书院的发展道路极不平坦。明初以官学为主,书院沉寂,后来在科举垄断仕途的人才选拔制度的影响下,官学成为科举的附庸而士风日陋。士大夫们开始由不满官学到远离官学,纷纷创办私学,复兴书院,施展自己的教育抱负,传统的著名书院相继复兴,新书院不断涌现。作为私学,自由的讲学风格形成了自由的学术交流风气,但各种思潮的兴起必然会影响专制统治,因此私学再次遭到遏制。统治者开始对以书院为象征的私学残酷取缔,上演了中国历史上自秦以来的第二次针对教育文化的大浩劫。在这一时期,明朝专制的加强与私学中自由讲学的矛盾不断升级。

11. 清代的官学

清代官学制度基本上沿袭明代旧制,分为中央和地方两大类。中央设立的主要有国子监,此外还有宗人府的宗学、觉罗学,内务府的景山官学、咸安宫官学,国子监的国学、八旗官学和算学,内阁的俄罗斯馆,等等。地方设立的主要有府学、州学、县学和卫学,统称为儒学。此外还有社学、义学和井学等。在嘉庆、道光之后,学校积渐废弛,有名无实。

清代私学中的蒙学,基本沿袭明朝旧制,分义学、村学、村塾等,但在教材、教学方式和教学方法上都比明代有更深入的研究和见解。清初严令禁止书院,以防有人利用书院反清。从康熙年间起,教育政策开始宽松,书院再次复兴起来,其中有民间私人创建的,也有士大夫和地方官员的崇教之举。到前清后期,书院有了较大发展,书院数目超过了以往任何朝代,但与此同时, 书院的官学化也日趋严重,如书院经费由官方拨付,书院山长由官方聘任,书院学生由官方考核录用,甚至书院考试也由官方出题。

二、私学教育的发展

我国古代私学产生于春秋战国时期,之后在各个朝代逐渐发展和扩大,虽在秦朝时受到重创,但并没影响大体发展趋势。私学文化源远流长,对整个中华民族的教育事业做出了巨大的贡献,促进了文化的繁荣,同时也对周边国家的文化和社会产生了不可磨灭的影响,促进了我国与周边国家经济文化的交流。

1. 春秋时期的私学

孔子是中国最早开办私立学校的人。他以"有教无类"的办学思想打破了奴隶社会"学在官府"、只允许贵族垄断文化教育的局面。孔子在屡次寻明君而失意之后,回到故乡建立了我国古代第一所私学。孔子的名言是:"三人行,必有我师焉。"他的思想和学术影响了中国上千年的历史,直到今天,仍有人认为儒家经学的发展史就是中国古代私学的发展史。春秋时期,社会政治、经济、文化各方面都发生了剧烈的变化。从奴隶制走向崩溃,到封建制度逐渐形成统一,各个学派纷纷传播自己的思想,其中影响最大的是儒、墨、道、法四家。孔子代表没落的奴隶主贵族,其受新兴地主阶级的需求和各学派思想的影响创立了儒家学派。其私学中也有出身贫穷的学生,他的教育对象的范围在不断扩大。法家代表新兴地主阶级,法家的代表人物韩非子认为历史是向前发展的,当代必然胜过古代,人们应该按照现实需要进行政治改革。他主张"以法为本"来治国,但他所提倡的法治只针对大臣和百姓,而君主则凌驾于法律之上,他认为"法不阿贵",要坚决打击奴隶主贵族的特权。"事在四方,要在中央,圣人执要,四方来效",这说明他的政治主张是建立君主专制中央集权的封建国家。因此可以看出,法家思想主要讲变法、耕战、法治。墨家的创始人墨子属于平民阶级,所以墨家代表平民的利益,特别是和手工业者相接近。墨子主张"兼爱""非攻""尚贤",所以墨家思想提倡尚贤废私,舍己为人,抑强扶弱,注重科学技术。老子是道家的创始人。老子代表没落贵族,其思想学说深奥,含有朴素的辩证主义思想。他认为,道是没有形状的、超时空的、永久存在的,这是一种唯心论思想。老子的名言是"祸兮,福之所倚;福兮,祸之所伏",他认为对立的东西是相互转化的。老子的政治主张是"无为",反对采用严刑峻法。他认为"道常无为而无不为,君王若能守之,万物将自化",即无为而治,清心寡欲,顺服自然。所以道家提倡消极隐遁的人生观,反对学知识,对统治者抱有反感,憧憬小国寡民的社会生活。这四家的影响比较大,他们都有私学,尤其是儒家以外的各家在官学中没有什么地位,能保存下来全赖于私学的存在。

2. 战国时期的私学

到了战国时期,七国的兼并战争更为严重,政治局面发生了根本变化,已经建立的土地私有制的封建制度导致私学更加盛行。"从师"之风盛极一时,如孟轲"后车数十乘,从者数百人,以传食于诸侯",田骈在齐"资养千钟,徒百人"。这一时期也出现了"百家争鸣"的局面,各种学派互相批评,互相影响,同时在同一学派中又互相争辩,形成支流。

3. 秦朝时期的私学

秦始皇采取法家政策,建立中央集权的政治体制,推崇严刑酷法,同时不注重教育,只是以法为教,以吏为师,严禁私学,特别是"焚书坑儒",使当时很多文学经典遭到破坏。这也是秦朝迅速灭亡的重要原因之一。

4. 汉朝时期的私学

汉武帝宣布"罢黜百家,独尊儒术",但并没有禁止私学,太学里所立的五经博文都是今文经学,古文经学仍可由私人传授。由于私学力量日益增强,至东汉末期,私学已处于压倒官学的地位。

5. 魏晋南北朝时期的私学

魏晋南北朝时期,中央官学和地方官学处于时兴时废的状态,但是私学却颇为兴盛。无论是在规模上,还是在学术思想、教育方式与方法上都超过了两汉。在这一国家大分裂、民族大融合时期,官方的学校教育处于时兴时废的状态,巨大的流民迁徙使稳定的学校制度无法建立,这些都给私学的发展留下了空白。同时,思想界突破了儒家思想一统天下的局面,使学术思想空前活跃起来,出现了继战国之后的第二次"百家争鸣"。这一时期的许多思想家对儒学展开了猛烈的抨击。没有思想的解放,绝无学术的繁荣,这一切都使私学不再仅仅是官学的附庸,而逐渐走上了独立发展的道路。

6. 隋唐时期的私学

隋唐时期,政治清明,社会稳定,国力较强,国家很重视对人才的培养,也明确鼓励私人办学。唐代人才辈出,群星灿烂,出现了许多著名的思想家、文学家、艺术家等。这些著名人物的成长与他们早期受到的教育是密不可分的,而私学和家学又是早期教育的主要形式,体现了这一时期私学很发达,几乎每一种专门学术都有私学传授。

7.五代辽宋夏金元时期的私学

五代辽宋夏金元时期,私学继隋唐之后继续发展,书院成为私学的一个重要组织。书院初为私立,后来其中一部分被政府控制作为聚徒讲学的书院,书院开始于五代,宋兴之初最著名的四大书院有白鹿洞、石鼓、应天、岳麓。后来书院逐渐超越了州县学,南宋时书院尤多。

8.明清时期的私学

明清时期是私学发展在封建社会达到鼎盛的时期。明初,百余年的官学较为发达,私学和书院较为寂静。明中期以后,官学开始衰败,私学和书院开始走向兴盛。到清朝,政府重视对私学教育的管理,造成了地方私学普遍发达的现象,这时私学多称"私塾"或"塾馆"。较之宋元明,清朝私学无论从规模上还是数量上都更加繁盛,成为封建统治者实施教化、维护封建秩序的重要场所。

三、书院教育的发展

书院是中国古代特有的教育组织形式,产生于唐末五代,兴盛于宋代,到清末终止,存在了 1 000 年之久,对中国封建教育的发展产生了重大影响。书院在其长期发展历程中形成了许多独特的办学经验,一直为历代教育家所借鉴。下面主要分析书院的形成与发展历程,以求明晰书院在中国古代教育中的作用与地位,并试图厘清中国古代书院教育的发展历程。

书院作为中国士人特有的一种教育组织形式,在中国古代教育制度史上占有重要地位。它以私人创办和主持为主,将图书收藏和校对、教学与研究合为一体,是相对独立于官学之外的民间性学术研究和教育机构。书院的存在弥补了封建官学的不足,并在长期的发展过程中传递了中国文化和学术思想,创立了极具特色的学风,极大地丰富和发展了我国古代的教育思想。

1.中国古代书院的产生:唐代书院

传统观点把唐玄宗开元六年设的丽正修书院(后改称"集贤殿书院")作为中国最早的书院,源自清人袁枚《随园笔记》的记载:"书院之名,起唐玄宗时丽正书院、集贤书院,皆建于朝省,为修书之地,非士子肄业之所也。"其实不然,唐玄宗时期的一些文献证明,在丽正、集贤以前,民间早有书院存在,最初的书院是士人的读书治学之所。根据地方志记载,书院应产生于唐初,最明显的例证就是今湖南攸县的光石山书院。同时期的还有陕西蓝田的瀛洲书院、山东临朐的李公书院、河北满城的张说书院。

唐代中期，中央官府开始注意民间兴起的这种新生的文化组织，于是创立了官方的书院。但在当时还仅是官方藏书和修书的地方，还不是教学机构。在受到官方承认后，更多的士人开始渐渐接受书院，并根据自身的文化素质、需要和当地条件，不断赋予书院新的文化内涵，于是书院在民间大量兴起。至此，源于私人治学的书斋和官府整理典籍的衙门这两大源头的书院形成了民办和官办的传统。民办书院向社会开放，成为公众活动之所；官办书院藏书、修书、校书，并承担着传递典籍给新生书院的桥梁作用。自此以后，书院在民办和官办两大体系的交互影响下，开始了更加辉煌的发展。

唐代作为书院发展的起始阶段，有着显著的特点。一是其分布呈星星点点之状，体现了其作为新生事物的特征。二是其功能呈现多样性和不确定性。其中，官办书院有出书、藏书、讲学、赋诗、顾问等功能；而民办书院则涉及藏书读书、会友交流、吟诗作文、教学授受、研究著述等功能。三是书院的教育教学功能日益受到人们的重视。四是建筑既受佛道建筑的影响而又有别于佛道，多建于山林名胜僻静安全之处。

2. 中国古代书院的发展：宋元书院

（1）宋代书院

两宋时期，借助社会经济繁荣和由之而来的社会大发展，以及印刷技术带来的丰富书籍，我国古代的科学文化事业进入空前发达的黄金时期。这期间书院受到重视，发展到720余所，是唐五代时期总和的10倍以上。宋代又分为北宋和南宋，两个时期的书院各有特点。

①北宋。自宋朝统一以来，经战乱压抑的教育诉求喷发，而新生的政府无力兴建官学，于是书院获得了难得的历史机遇大力发展。自宋太祖隆庆元年至宋仁宗庆历三年，书院凭借朝廷和地方官府的势力，造出显赫声势。期间"四大书院"名闻天下，得到社会的广泛承认，同时书院的教育教学功能被强化，成为官学的替代，为国家培养了大量的人才。这一时期，书院扮演了替代官学的角色，但是此举和唐玄宗"广开书院"有着极大的区别，唐代时是锦上添花，而宋王朝是不得已而为之。因此政府一旦有能力兴学，必定会恢复到原有的正统官学系统。在北宋中后期，三次兴学之后，大量的书院被废弃或是改制为各级官学。这一时期，虽然书院因失去了官府的支持而不像以前那样光彩明目，但是经过前期发展，书院已经扎根民间，也正因为其深入民间，使得书院获得了更多的发展养分。北宋后期，书院作为一种文化教育组织满足了人们不同的文化需求，而且不同理想不同爱好的人还可以借书院来实现自己的理想，由此，书院的文化功能越发明显地显现出来。整个北宋时期，不管是替代官学时期还是流落民间，政府都没有放松对书院的控制。宋政府大力提倡科

举,成倍加大取士名额,并把书院作为养士之所,通过控制科举控制了绝大部分书院的发展方向。

②南宋。金人南侵,大宋王朝被迫南迁,偏安一隅。南宋时期书院教育逐步恢复,仅初创的书院大约就有 167 家之多。这一时期也成为书院发展的重要历史时期,其最大特点是,在学术大师的指导下书院被当作一种文化教育制度得以确立。具体表征有两个:一是书院与理学的一体化。南宋的学术大师们以其特有的社会责任感,承担着讲道、传道的历史使命,掀起了书院复兴运动。他们以书院为基地,各自集合大批学者,努力经营自己的学派,集成学术成就,再造学术精神,将学术与书院的发展推向一个前所未有的高峰,从而开创了书院与学术一体化的传统,使书院作为一种组织成为推动中国古代学术发展的重要力量。二是书院教育制度得以完全确立。书院制度融合了儒、道、释三家文化,又为这种融合的新文化服务,从而派生出教书、育人功能,其实是为了传播文化。书院教育制度的确立,不仅吸取了官学与私学的经验教训,而且采纳了佛教禅林、精舍以及道教宫观传法的经验。正因如此,书院制度在博取众家之长的同时又形成了与之相区别的特殊之处。书院制度的形成,标志着我国教育事业进入官学、私学、书院并行的时代。

整体来说,宋代是民办书院主宰天下的时代,民间力量决定着书院命运的盛衰。官府虽不能决定书院的整体命运,但是凭借其强大的权力附加,还是极大地推动和制约了书院的整体发展。书院也终于在经过唐、五代、北宋的发展,经受了官学的冲击后,于南宋成熟起来,进入制度化阶段。这一时期,书院的规制日趋完善,形成了研究学问、教学传道、藏书、刻书、祭祀学派祖师、经营学田六大事业,这表明书院已经成为一个功能完全而且可以独立运作的文化组织。同时,大量学规、揭示、学榜等不同名目的规章制度和内部管理制度的制定,最终使制度化的书院真正走向了成熟。

（2）元代书院

有学者认为,元代是异族入主中原时期,这一时期战火不断,书院遭到惨重破坏。其实不然,来自蒙古的统治者绝不仅是只识弯弓射大雕的英雄,反而他们对儒家文化非常尊重,广兴学校,对中国士人的文化教育组织——书院也是相当重视,曾多方扶持书院发展,创造了"书院之设,莫盛于元"的历史记录。元初,广大汉族的读书人和新政权长期对抗,"食元禄而做宋遗民"成为普遍的社会现象。后来,统治者因势利导,致力保护和建设士人赖以生存的文化教育组织——书院。这一举措成功化解了蒙汉矛盾,并推动了书院事业的发展。

在中国书院发展史上,元代最大的贡献有两点:一是弥补了辽金时代的缺憾,将书院和理学一起推广到北方地区,缩短了新形势下形成的南北文化差距;二是与理学一体化的书院被等视为官学,即书院被"官学化",这也是元代书院最显著的特征。

元代,书院在南方持续发展的同时,也出现了一个重要的现象,即书院和理学的北推。其主要原因有三点:一是元代科举取士南北配额倾向于北方这个政策的刺激;二是元政府为巩固其统治而利用书院推动理学北移;三是北方接受汉化的少数民族士人奋起直追,参与书院建设,最终导致了书院和理学的北移。与"书院北推"同等重要的特征是书院的"官学化",其端倪始于南宋,凸显于元代。元政府推进书院"官司学化"的具体措施:一是采取严格的报批手续,以申报制度控制书院的创建与兴办。此举从源头上杜绝了书院游离于政府之外的可能。二是政府委派山长,并将其纳入官学体制,一体铨选考核升转,通过控制书院负责人控制书院的内部管理事务。三是拨置学田,设官管理钱粮,控制书院的经济命脉。由此书院的产业完全被政府所控制。

元代书院的发展势头强劲,"书院北推"和"官学化"是其两大基本趋势。然而,"官学化"终究只是一种趋势,还是不能和官学划等号。

3. 书院的繁荣与辉煌:明代书院

在书院发展史上,明代的书院可谓承前启后,地位十分重要。书院经历明初的百年沉寂后,最终再度辉煌,得到了突飞猛进的发展,数量超过以前历代书院之和,出现了前所未有的盛世局面。

明代建立政权后的百余年间,官学兴盛而书院处于沉寂期。这主要有三方面原因:一是因为明初统治者对书院采取禁绝措施。二是明初大兴教化,对各级官学教育的大力倡导和发展,使得官办学校系统组织严密,社学遍布全国,抢占了原属于书院的生源。三是明建立政权后,为选拔大批官僚,很快恢复科举制度,而读书人为了功名利禄纷纷争赴科举考场。而明代参加科举考试的人,都要进官学进行学习,否则没有考试资格。因此官学受到重视,而书院受到冷落。

明中叶以后,官学教育开始败坏,科举控制了学校,学校变成了科举的附庸。八股文成为取士依据,人们竞奔于科举仕途而变得不择手段,学问衰败,心术败坏,这既说明了官学教育的失败,也提出了重建新的理论以维系涣散和败坏的人心的任务。此时一些有识之士王守仁、湛若水等学术大师欲挽救这一弊症,提出了新的思想——心学。然而,这些学说不能在官学的讲坛公开,只能在非官方的讲坛——书院上传播,这是书院得以兴盛的一个很重要的原因。明代中期,书院生机勃勃地走向社会生活的各个方面,成为上至官绅、下至百姓的政治、文化、教育生活不可或缺的组成部分。在这一时期,书院完成了其走向民众(平民化）的过程。一方面,官府书院向平民开放;另一方面,民间书院的功能转变为读书识字、讲学化民。这一平民化过程是书院史上前所未有的新变化。

明代书院虽因讲学而成就辉煌,但也因讲学而招致三次禁毁。其中,嘉靖初禁,抑制了书院强劲的发展势头;万历再禁,终结了书院兴盛的局面;天启三禁,使书院几乎气绝。官方对书院的禁毁再加上明末的多年战乱,使各地的学校和书院多数遭到破坏,明代末期曾经盛极一时的书院就这样一步一步走向衰落。

4. 书院的普及与改制：清代书院

清朝定鼎中原,为了加强统治,实行尊重儒道的文教政策,逐步恢复了各地的官学体系。但书院却没有被恢复,其主要原因是刚刚定鼎中原的清政府担心书院的活动会使反清复明思想滋生蔓延。顺治九年(公元 1652 年),政府下令禁建书院,禁令虽下,但禁而不严,一些未被毁坏的明代书院仍然在继续运行。直到康熙年间,对书院的禁令仍未解除,但表现得相当宽松,一些官员和士人的讲学也未受到干预。康熙帝还亲自给许多著名书院题写匾额,康熙帝的御赐匾额象征着禁建书院的失败。

清代书院的发展,大致可以分为四个阶段。自顺治至康熙为第一阶段,是书院的恢复发展期;雍正、乾隆年间为第二阶段,是书院的全面大发展时期;嘉庆、道光、咸丰年间为第三阶段,是书院的发展相对低落时期;同治、光绪年间为第四阶段,是书院高速发展变化并最终改制的时期。

清代书院的管理体制与前代不同,直接接受各级官府的管理,而省会书院则由总督、巡抚管理。书院的主持人以前称为"洞主""山长",后多称为"院长"。院长多由地方官担任,院长聘任教师,教师以兼职为多。书院课程设置与地方官学、国子监的课程相近,以四书五经为主。在课程分类方面,又可分为小学和大学两类。清代的书院虽有很浓的官学化趋势,但书院毕竟不是完全化的官学。

清代书院的显著特点就是其与科举和而不同的特殊关系。科举制度一直以来都是知识阶层进入仕途的唯一阶梯,而清代书院作为培养人才的机构肯定不能独立于科举之外。因此,大多数书院的教学目标、教学内容和课程设置都围绕着科举进行。但是书院不是为了科举而科举,而是在坚守自身特色的基础上去适应科举制度,并通过自身的制度建设来纠正培养科举人才过程中的偏差。

鸦片战争以后,西学通过两种途径进入书院的教育领域。第一种途径是西方传教士在通商口岸地区建立以中国人为教育对象的教会书院;第二种途径是中国书院在教学内容上引进西方社会科学和自然科学。随着洋务运动的开展和维新变法思潮的发展,西学被越来越多的人接受，西式书院的教育影响也越来越广泛。于是，一些中国书院改革了教学内容，在原先教学内容的基础上增加了化学、博物、测量、军训、体操、西洋史等。中国书院慢慢踏上改革的道路。

中日甲午战争以后，感受到亡国灭种危机的中国人为了挽救清政府，开始变法维新。戊戌变法把书院的改制推向了高潮。清政府提出好几套方案，使全国新旧书院都被纳入改制的队伍中。1901年，清政府正式下达书院改制诏令，并且随着新学制的推行，清末各省书院基本改制完成，古老而传统的书院跨向近现代，接通了中国文化教育发展的血脉，也在改制中获得了新生。

第二节　科举制度的完备

科举制度是中国古代封建统治者为选拔人才而设置的让读书人通过参加人才选拔考试从而做官的一种制度。

科举制的殿试部分采用由皇帝亲自主持、以分科考试形式录用人才的取士制度。魏晋以来，采用九品中正制，官员大多从各地高门权贵的子弟中选拔。权贵子弟无论优劣都可以做官，而许多出身低微但有真才实学的人却不能到中央和地方担任高官。为改变这种弊端，隋文帝开始用分科考试的方法来选拔官员。他令各州推举人才，参加考试，只要合格就可以做官。隋炀帝时期，正式设置进士科，考核参选者对时事的看法，按考试成绩选拔人才，科举制度正式诞生。到了明朝，科举考试形成了完备的制度，共分四级即院试（也称童生试）、乡试、会试和殿试，考试内容基本是儒家经义，以"四书"文句为题，规定文章格式为八股文，解释必须以朱熹《四书章句集注》为准。

一、科举制度的起源

中国古代科举制度最早起源于隋朝。隋统一全国后，隋文帝为了适应封建经济和政治关系的发展变化，为了满足封建统治阶级参与政权的要求，加强中央集权，把选拔官吏的权力收归中央，废除九品中正制，开始采用分科考试的方式选拔官员，他令"诸州岁贡三人"参加考试，合格者即可做官。据史载，开皇三年（583年）正月，隋文帝曾下诏举"贤良"，开皇七年（587），又令京官五品以上的总管、刺史，以"志行修谨""清平干济"二科举人。隋炀帝大业三年（607年）四月，诏令文武官员有职事者，可以"孝悌有闻""德行敦厚""结义可称""操履清洁""强毅正直""执宪不饶""学业优敏""文才秀美""才堪将略""膂力骄壮"十科举人。进士二科，并以"试策"取士，标志着科举制度的诞生。"进士"一词初见于《礼记·王制》篇，其本义为可以进受爵禄。当时主要考时务策，就是有关当时国家政治生活方面的政策论文，也称"试策"。这种分科取士并以试策取士的方法，在当时虽是草创时期，并未形成制度，但把读书、应考和做官三者紧密结合起来，揭开了中国选举史上新的一页。唐玄宗时，礼部尚书沈既济对这一历史性的变化有过中肯的评价："前代选用，皆州郡察举……至于齐隋，不胜其弊……是以置州府之权而归于吏部。自隋罢外选，招天下之人，聚于京师春还秋住，乌聚云合。"

二、科举制度的完备

隋朝灭亡后，唐朝的帝王承袭了隋朝传下来的人才选拔制度，并做了进一步的完善。由此，科举制度逐渐完备起来。唐太宗、武则天、唐玄宗是完善科举制度的关键人物。在唐朝，考试分常科和制科两类。每年分期举行的考试称"常科"，由皇帝下诏临时举行的考试称"制科"。

常科的科目有秀才、明经、进士、俊士、明法、明字、明算等五十多种。其中，明法、明算、明字等科不被人重视，俊士等科不经常举行，秀才一科在唐初要求很高，后来渐废。所以，明经、进士两科便成为唐代常科的主要科目（进士考时务策和诗赋、文章，明经考时务策与经义，前者难，后者易）。

唐高宗以后进士科尤为时人所重。唐朝宰相大多是进士出身。常科的考生有两个来源，一个是生徒，另一个是乡贡。由京师及州县学馆出身送往尚书省的受试者称为生徒；不由学馆而先经州县考试，及第后再送往尚书省的应试者称为乡贡。由乡贡入京的应试者通称举人。州县考试称为解试，尚书省的考试通称省试或礼部试。礼部试在春季举行，故又称"春闱"，"闱"就是考场的意思。

明经、进士两科，最初都只是试策，考试的内容为经义或时务。后来两种考试的科目虽有变化，但基本精神是进士重诗赋，明经重帖经、墨义。所谓帖经，就是将经书任揭一页，将左右两边蒙上，中间只开一行，再用纸帖盖三字，令考试者填充；所谓墨义，就是对经文的字句做简单的笔试。帖经与墨义，只要熟读经传和注释就可中试，诗赋则需要具有文学才能。进士科得第很难，所以当时流传有"三十老明经，五十少进士"的说法。

常科考试最初由吏部考功员外郎主持，后改由礼部侍郎主持，称"权知贡举"。进士及第称"登龙门"，第一名称"状元"或"状头"。同榜人要凑钱举行庆贺活动；同榜少年有二人在名园探采名花，称探花使。同榜人要集体到杏园参加宴会，称探花宴。宴会后，同榜人一起到慈恩寺的大雁塔下题名以显其荣耀，所以又把中进士称为"雁塔题名"。唐代孟郊《登科后》一诗写道："春风得意马蹄疾，一朝看遍长安花。"所以，"春风得意"又成为进士及第的代称。常科登第后，还要经吏部考试，称"选试"。选试合格者，才被授予官职。唐代大家柳宗元进士及第后，因博学宏词，故即刻被授予"集贤殿正字"。如果吏部考试落选，只能到节度使处当幕僚，再去争取得到国家正式委任的官职。韩愈在考中进士后，三次选试都未通过，不得不去担任节度使的幕僚，之后才踏进官场。

唐代取士，不仅看考试成绩，还要有有名人士的推荐。因此，考生纷纷奔走于公卿门下，向他们投献自己的代表作，称"投卷"。向礼部投的称为"公卷"，向达官贵人投的称为"行卷"。投卷确实能使有才能的人显露头角，如诗人白居易向顾况投诗《赋得原上草》，受到老诗人的极力称赞。但是也不乏弄虚作假、欺世盗名之人。唐太宗重视人才的培养和选拔，他即位后，大大扩充了国学的规模，扩建学舍，增加学员。

载初元年二月，女皇武则天亲自"策问贡人于洛成殿"，这是中国科举制度中殿试的开始，但在唐代并没有形成制度。

唐代还产生了武举。武举开始于武则天长安二年，即公元702年。参加武举考试的考生来源于乡贡，由兵部主考。考试科目有马射、步射、平射、马枪、负重摔跤等。武举考试后，"高第者授以官，其次以类升"。唐代最著名的武状元便是郭子仪。

唐玄宗时，诗赋成为进士科主要的考试内容。唐玄宗在位期间，曾在长安、洛阳宫殿八次亲自面试科举应试者，录取了很多有才学的人。开元年间，任用高官主持考试，提高了科举考试的地位，以后成为定制。

三、科举制度的改革

宋代的科举，大体同唐代一样，有常科、制科和武举三种。宋代"重文轻武"，所以很重视科举考试，但后期选官过冗过滥。相比之下，宋代常科的科目比唐代大大减少，其中进士科仍然最受重视，进士一等多数可官至宰相，所以宋人以进士科为宰相科。宋吕祖谦说："进士之科，往往皆为将相，皆极通显。"当时也有"焚香礼进士"之语。除进士科外，其他科目总称诸科。宋代对科举，在形式和内容上都进行了重大的改革。

首先，宋代的科举放宽了录取的作用和范围。宋代进士分三等：一等称进士及第；二等称进士出身；三等赐同进士出身。由于扩大了录取范围，名额也成倍增加。唐代录取进士，每次不过二三十人，少则几人十几人。

宋代确立了三年一次的三级考试制度。宋初科举，仅有两级考试制度。一级是由各州举行的取解试，另一级是礼部举行的省试。宋太祖为了选拔真正服务于封建统治而又有才干的人担任官职，于开宝六年实行殿试。自此以后，殿试成为科举制度最高一级的考试，并正式确立了州试、省试和殿试三级科举考试制度。殿试以后，无须再经吏部考试可直接授官。宋太祖还下令，考试及第后，不准对考官称师门，或自称门生。这样，所有及第的人都成了天子门生。殿试后分三甲放榜。南宋以后，还要举行皇帝宣布登科进士名次的典礼，并赐宴于琼苑，故称"琼林宴"，以后各代仿效，遂成定制。宋代科举，最初是每年举行一次，有时一两年不定。宋英宗治平三年，才正式定为三年一次。每年秋天，各州进行考试，第二年春天，由礼部进行考试，省试的当年进行殿试。

从宋代开始，科举开始实行糊名和誊录，并建立防止徇私的新制度。从隋唐开科取士之后，徇私舞弊现象越来越严重。对此，宋代统治者采取了一些措施，主要是糊名和誊录制度的建立。糊名，就是把考生考卷上的姓名、籍贯等密封起来，又称"弥封"或"封弥"。宋太宗时，根据陈靖的建议，对殿试实行糊名制。后来，宋仁宗下诏省试、州试均实行糊名制，但是糊名之后还可以认识字画。根据袁州人李夷宾的建议，又将考生的试卷另行誊录。这样，考官评阅试卷时，不仅不知道考生的姓名，而且连考生的字迹也无从辨认。这种制度，对于防止主考官徇情取舍产生了很大的作用。但是，到了北宋末年，由于政治日趋腐败，此项制度逐渐流于形式。宋代在考试形式上的改革，不但没有革除科举的痼疾，反而进一步恶化。

宋代科举在考试内容上也做了较大的改革。宋代科举基本上沿袭唐代旧制，进士科考帖经、墨义和诗赋，弊病很大。进士以声韵为务，多昧古今；明经只强记博诵，而其义理学而无用。王安石任参知政事后，对科举考试的内容着手进行改革，取消诗赋、帖经、墨义，专以经义、论、策取士。所谓"经义"，与论相似，是短文，只限于用经书中的语句作题目，并用经书中的意思去发挥。王安石对考试内容的改革，在于通经致用。熙宁八年，宋神宗下令废除诗赋、贴经、墨义取士，颁发王安石的《三经新义》并论、策取士，同时把《易官义》《诗经》《书经》《周礼》《礼记》称为"大经"，《论语》《孟子》称为"兼经"，定为应考士子的必读书。规定进士考试为四场：一场考大经，二场考兼经，三场考论，最后一场考策。殿试仅考策，限千字以上。王安石的改革，遭到苏轼等人的反对。后来，随着政治斗争的变化，《三经新义》被取消，有时考诗赋，有时考经义，有时兼而有之，变幻不定。

宋代的科考分为三级，即解试（州试）、省试（由礼部举行）和殿试。解试由各地方进行，通过的举人可以进京参加省试。省试在贡院内进行，连考三天。为了防止作弊，考官俱为临时委派，并由多人担任。考官获任后即赴贡院，不得与外界往来，称为"锁院"。考生到达贡院后，要对号入座，同考官一样不得离场。试卷要糊名、誊录，并且由多人阅卷。殿试于皇宫内举行，由皇帝亲自主持并定出名次。自宋代起，凡于殿试中进士者皆授官，无须再经吏部选试。

南宋、北宋 320 年间,共开科举考试 118 次,取进士 20 000 多人。

四、科举制度的中落鼎盛与灭亡

1. 科举制度的中落

1238 年,戊戌选试录取 4 030 人。后科举制度因故中止,至元仁宗延祐二年(1315 年)才再次开办。

元代的科举制度基本沿袭宋代,以"经义""经疑"为题述文。科举分为地方的乡试和在京师进行的会试及殿试。元代科举只考一科,但分成左右榜。右榜供蒙古人、色目人应考,乡试时只考两场,要求相对较简单。左榜供汉人、南人应考,乡试时考三场,要求相对较严格。乡试、会试考获名单一律按种族分配。

元朝自仁宗时开始至顺帝时灭亡止,共停办两次,举办过 16 次科举,取进士 1 139 人,国子学录取 284 人,总计 1 423 人。但元科举所选人才通常没有受到足够的重视,在元政府中产生的影响也不大。

2. 科举制度的鼎盛时期

元朝开始,蒙古人统治中原,科举考试进入中落时期,但以四书试士却是元代所开的先例。

元朝灭亡后,明王朝建立,科举制度进入鼎盛时期。明代统治者对科举高度重视,科举方法之严密也超过了以往历代。

明代以前,学校只是为科举输送考生的途径之一。到了明代,进学校却成为科举的必由之路。明代入国子监学习的,通称监生。监生大体有四类:生员入监读书的称贡监,官僚子弟入监读书的称荫监,举人入监读书的称举监,捐资入监读书的称例监。监生可以直接做官。特别是明初,由监生出任中央和地方大员的例子不胜枚举。明成祖以后,监生直接做官的机会越来越少,却可以直接参加乡试,通过科举做官。

参加乡试的,除监生外,还有科举生员。只有进入学校成为生员,才有可能入监学习或成为科举生员。明代的府学、州学、县学,称作"郡学"或"儒学"。凡经本省各级考试进入府学、州学、县学的,通称"生员",俗称"秀才"。为取得生员资格的入学考试称"童试",也称"小考""小试"。童试包括县试、府试和院试三个阶段。院试由各省学政主持,学政又名"提督学院",故称这一级考试为院试。院试合格者称生员,然后分别分往府学、州学、县学进行学习。生员分三等,即廪生、增生和附生。由官府供给膳食的称廪膳生员,简称"廪生";定员以外增加的称"增广生员",简称"增生";于廪生、增生之外再增的名额,附于诸生之末,称为"附学生员",简称"附生"。考取生员,是功名的起点。一方面各府学、州学、县学中的生员选拔出来为贡生,可以直接进入国子监成为监生。另一方面,由各省提学官举行岁考、科考两级考试,按成绩可分为六等。科考列一、二等者,取得参加乡试的资格,称科举生员。因此,进入学校是科举阶梯的第一级。

明代正式科举考试分为乡试、会试、殿试三级。乡试是由南、北直隶和各布政使司举行的地方考试。地点在南、北京府及布政使司驻地。每三年一次,逢子、卯、午、酉年举行,又称"乡闱"。考试的试场称为"贡院"。考期在秋季的八月,故又称"秋闱"。凡本省科举生员与监生均可应考。主持乡试的有主考二人,同考四人,提调一人,其他官员若干人。考试分三场,分别于八月九日、十二日和十五日进行。乡试考中的称"举人",俗称"孝廉",第一名称"解元"。唐寅乡试第一,故称其为唐解元。乡试中举称"乙榜",又称"乙科"。放榜之时,正值桂花飘香,故又称桂榜。放榜后,由巡抚主持鹿鸣宴,席间唱《鹿鸣》诗,跳魁星舞。

会试是由礼部主持的全国考试,又称"礼闱",于乡试的第二年,即逢丑、辰、未、戌年举行。彼时,全国的举人在京师会试,因考期在春季二月,故称"春闱"。会试也分三场,分别在二月初九、十二、十五举行。由于会试是较高一级的考试,因此,同考官的人数比乡试多一倍。主考、同考以及提调等官,都由较高级的官员担任。主考官称"总裁",又称"座主"或"座师"。考中的称"贡士",俗称"出贡",别称"明经",第一名称"会元"。

殿试在会试当年举行,时间最初是三月初一。明宪宗成化八年起,改为三月十五。应试者为贡士。贡士在殿试中均不落榜,只是由皇帝重新安排名次。殿试由皇帝亲自主持,只考时务策一道。殿试毕,次日读卷,又次日放榜。录取分三甲:一甲三名,赐进士及第,第一名称"状元""鼎元",第二名称"榜眼",第三名称"探花",合称"三鼎甲"。二甲赐进士出身,三甲赐同进士出身,二甲、三甲第一名皆称"传胪"。一甲、二甲、三甲通称"进士",进士榜称"甲榜",或称"甲科"。进士榜用黄纸书写,故称"黄甲",也称"金榜",中进士称"金榜题名"。

乡试第一名称"解元",会试第一名称"会元",加上殿试一甲第一名的"状元",合称"三元"。连中"三元"是科举场中的佳话,明代连中"三元"者仅有洪武年间的黄观和正统年间的商辂两人。

殿试之后,状元授翰林院修撰,榜眼、探花授编修。其余进士经考试合格者,称翰林院庶吉士。三年后考试合格者,分别授予翰林院编修、检讨等官,其余分发各部任主事等职,或以知县优先委用,称为"散馆"。庶吉士出身的人升迁很快,明英宗以后,朝廷形成"非进士不入翰林,非翰林不入内阁"的局面。

明代乡试、会试头场考八股文，能否考中主要取决于考生八股文的优劣。所以，一般读书人往往把毕生精力都用在八股文上。八股文是由宋代的经义（主要来源于朱熹注解）演变而成。八股文也称制义、制艺、时文、时艺、八比文、四书文，是用八个排偶组成的文章，一般分为六段。以首句破题，两句承题，然后阐述为什么，谓之起源。八股文的主要部分包括起股、中股、后股、束股四个段落，每个段落各有两段。篇末用大结，称复收大结。八股文以四书五经中的文句作题目，只能依照题义阐述其中的义理。措词要用古人语气，即所谓"代圣贤立言"。八股文的格式也很死，结构有一定程式，字数有一定限制，句法要求对偶。八股文的危害极大，严重束缚了人们的思想，是维护封建专制统治的工具，同时也把科举考试制度本身引向了绝路。明末著名学者顾炎武愤慨地说："八股盛而《六经》微，十八房兴而二十一史废。"又说："愚以为八股之害，甚于焚书。"

3. 科举制度的灭亡

清代的科举制度与明代基本相同，但它贯彻的是民族歧视政策。满族人享有种种特权，做官不必经过科举途径。清代科举在雍正前分满汉两榜取士，旗人在乡试、会试中享有特殊的优特，只考翻译一篇，称翻译科。之后虽然改为满人、汉人同试，但参加考试的仍以汉族人居多。

科举制发展到清代日趋没落，弊端也越来越多。清代统治者对科场舞弊的处分虽然特别严厉，但科举制度本身的弊病使舞弊现象越演越烈，使科举制度最终走向灭亡。

清人为了取得参加正式科举考试的资格，先要参加童试，参加童试的人称为"儒生"或"童生"，录取"入学"后称为生员（清代有府学、州学和县学，统称为"儒学"）。儒学和孔庙一起，称为"学宫"。生员"入学"后即受教官（教授、学正、教谕、训导）的管教。清初生员在学宫肄业（有月课和季考，后来变得有名无实），又称为生，俗称"秀才"，这是"功名"的起点。

生员分为三种：成绩最好的是廪生，有一定名额，由公家发放粮食；其次是增生，也有一定名额；新"入学"的称为附生。每年由学政考试，按成绩等第依次升降。

清代正式的科举考试也分为乡试、会试、殿试三级。

乡试通常每三年在各省的省城举行一次，又称为"大比"。由于是在秋季举行，所以又称秋闱。参加乡试的是秀才（生），但是秀才在参加乡试之前先要通过本省学政举行的巡回科考，成绩优良的才能选送参加乡试。乡试考中后称为"举人"，第一名称"解元"，第二名至第十名称"亚元"。

会试于乡试后的第二年春天在礼部举行，所以会试又称"礼闱"，也称"春闱"。参加会试的是举人,取中后称为贡士,第一名称为会元,会试后一般要举行复试。以上各种考试主要是考八股文和试帖诗等。

19世纪80年代后,随着西学的传播和洋务运动的发展,科举制度发生改变。1888年,清政府准设算学科取士,首次将自然科学纳入考试内容。1898年,加设经济特科,荐举经时济变之才。同时,应康有为等建议,废八股改试策论,以时务策命题,严禁凭楷法优劣定高下。戊戌变法失败后,慈禧下令所有考试悉照旧制。

1901年9月清廷实行"新政"后,各地封疆大吏纷纷上奏,重提改革科举,恢复经济特科,1904年,清廷颁布《奏定学堂章程》,此时科举考试已改八股为策论,但尚未废除。因科举为利禄所在,人们趋之若鹜,新式学校难以发展,因此清廷诏准袁世凯、张之洞所奏,将育人、取才合于学校一途。至此,在中国历史上延续了1 300多年的科举制度最终被废除,科举取士与学校教育实现了彻底分离。

1905年9月2日,袁世凯、张之洞奏请立停科举,以便推广学堂,咸趋实学。清廷诏准自1906年开始,所有乡会试一律停止,各省岁科考试亦即停止,并令学务大臣迅速颁发各种教科书,责成各督抚实力通筹,严饬府厅州县赶紧于乡城各处遍设蒙小学堂。从此,在我国延续了1 300多年的科举制正式废除。

清科举考试的内容也主要是八股文。八股文主要测试的内容是经义,即从《诗》《书》《礼》《易》《春秋》这五经里选择一定的题目来写作。题目和写作的方式与明代相同,也都有一定的格式。八股文在当时非常重要,关系一个人能不能通过科举考试中进士升官。所以有"当今天子重文章,足下何须讲汉唐"的说法。"汉"是指汉代的文章,"唐"是指唐诗。这句话的意思是说,无论是汉代的文章还是唐代的诗歌,都不如当今皇帝所看重的八股文。所以当时的人们都一门心思地扑在八股文上,因为只有八股文章才能敲开科举考试的大门。

五、科举制度的内容和形式

从隋朝开始,各朝科举考试科目都在不断变化。从各个朝代科举设置的科目和形式的变化可以看出统治阶层的用人取向,也反映了不同时代的人才需求。隋文帝时仅有策问,隋炀帝时开考十科。唐朝考试科目很多,常设科目主要有明经(经义)、进士、明法(法律)、明字(文字)、明算(算学)。到明朝只设进士一科。清袭明制,但也开过特制(特别科),如博学鸿词科、翻译科、经济科等。

科举考试中除特制科目外,明经、进士科考的内容主要是儒家经典。考试形式在各个朝代也有所不同,唐代时主要有墨义、口试、贴经、策问、诗赋等,宋代时主要是经义、策问、

67

诗赋等,到明代只有经义一门了。

1. 墨义

墨义,就是围绕经义及注释所出的简单问答题。在一张卷子中,这类题目往往多达30—50道。口试则是口头回答与墨义同类的问题。

2. 贴经

贴经,类似于现代诗卷中的填空与默写。考官从经书中选取一页,摘其中一行印在试卷上。考生要根据这一行文字,填写出与之相联系的上下文。

3. 策问

策问,即议论。考生依据考官提出的有关经义或政事问题,发表见解,提出对策。策问涉及范围较广,有政治、教育、生产、管理等,比贴经、墨义难度更大,有些甚至具有实用价值。

4. 诗赋

唐高宗永隆二年(681年),有人认为明经多抄义条,议论只谈旧策,还是表现不出考生的真才实学,建议加试杂文两篇(一诗一赋)。于是,开始了诗赋考试。

5. 经义

经义,是围绕书的义理展开的议论。如果说策问还有考生发挥的余地,经义便已经无所谓个人的思想,考生唯朝廷指定的"圣贤书"是遵。自宋代开始,经义取代贴经、墨义,而明代就干脆专考经义,读书人真正走进了"死读书,读死书"的死胡同。

六、科举制度的影响

科举制度在中国实行了1 300多年,对隋唐以后中国的社会结构、政治制度、教育、人文思想等产生了深远的影响。

科举原本的目的是政府从民间选拔人才,以打破贵族世袭的现象,整顿吏制。相对于世袭、举荐等选才制度,科举考试无疑是一种公平、公开、公正的方法,极大地改善了用人制度。东亚的日本、韩国、越南均曾效法中国举行科举,越南科举制度的废除则在中国之后。16~17世纪,欧洲传教士在中国看见科举取士制度后,通过游记将其介绍到欧洲。在18世纪时的启蒙运动中,不少英国和法国思想家都推崇中国这种公平和公正的制度。英国在19世纪中期至末期建立公务员叙用方法,规定政府文官通过定期的公开考试录取,渐渐形成后来为欧美各国彷效的文官制度。英国文官制度的考试原则和方式和中国科举制度十分相似,在很大程度上吸纳了科举的优点。因此,有人将科举制度称作中国文明的第五大发明。今天的考试制度在一定程度上仍是科举制度的延续。

从宋代开始,科举考试便做到了考生不论出身、贫富皆可参加。这样不但大大拓宽了政府选拔人才的基础,还让处于社会中下阶层的知识分子有机会通过科举考试向社会上层流动。这种政策对维持社会的整体稳定起了相当大的作用。明清两代的进士中,接近一半是祖上没有读书,或读过书但未做官的"寒门"出身。但只要他们能"一登龙门",便自然能"身价十倍"。历年来,千万莘莘学子"俯首甘为孺子牛",目的只不过是希望能一举成名,光宗耀祖。可以说,科举是一种政府笼络、控制读书人的有效方法。

科举为中国历朝发掘、培养了大量人才。1 300多年间,科举产生的进士接近100 000,举人、秀才数以百万。当然,其中并非全是有识之士,但能过五关斩六将,通过科考成进士者,多数非等闲之辈。宋、明两代以及清朝汉人的名臣能相、国家栋梁中,进士出身的占了绝大多数。明代英宗之后的惯例更是"非进士不进翰林,非翰林不入内阁",科举也成为晋升高级官员的必经之路。意大利传教士利玛窦在明代中叶时到中国,其所见的负责管治全国的士大夫阶层,便是由科举制度产生。

科举对知识的普及和民间读书风气的形成,都起了相当大的推动作用。虽然这种推动是出于一般人对功名的追求,而不是对知识或灵性的渴望,但客观上由于科举入仕成为风尚,中国的文风得到了普遍提高。明清两代,中国的读书人以秀才计,大部分时间都不下500 000人,若把童生算在内,则以百万计。当中除少数人能在仕途上更进一步外,多数人都成为在各地生活的基层知识分子,这对知识的普及起了一定作用。而且由于这些读书人都处在相同的制度下,学习的也是相同的"圣贤书",故此间接维持了中国各地文化及思想的统一和向心力。

科举造成的恶劣影响主要在其考核的内容与考试形式上。从明代开始,科举考试的内容就陷入僵化,变成只要求考生能造出合乎形式的文章,而不注重考生的实际学识。大部分读书人为应付科考,思想渐被狭隘的四书五经和迂腐的八股文束缚,无论是眼界、创造能力,还是独立思考能力,都被大大限制。大部分人以通过科考为读书的唯一目的,读书只为做官,光宗耀祖。另外,科举还限制了人才的出路。到了清代,无论在文学创作方面,还是各式技术方面,都不会出现杰出的名家,他们多数都失意于科场。可以推想,科举制度为政府发掘人才的同时,亦埋没了在其他各方面的民间杰出人物。百年以来,多少精英被困科场,虚耗光阴。清政府为了奴化汉人,更是严格束缚科举考试内容,清代科举制日趋没落,弊端也越来越多。

科举制度被废除以后,仍然在中国社会中留下不少痕迹。例如,孙中山创立的《中华民国临时约法》中规定五权分立,当中设有的"考试院"便是源于中国的科举考试传统。

另外,时至今日,科举的一些习惯在中国大陆的高考中仍然可见。如分省取录;将写有考生身份信息的考卷卷头装订起来,从而杜绝判卷人员和考生串通作弊;称高考最高分者为状元;等等。

钱穆先生对中国古代政治制度进行了深刻的研究,他指出:"一项好的制度若能长久永远好下去,便将使政治窒息。"随着科举制度的发展,特别是在封建社会,科举制度产生了一些消极影响。

第一,统治者改变考试内容,使科举成为束缚知识分子思想的枷锁。明太祖将源于元朝的八股文体正式定为科举考试文体,这种文体由破题、承题、起讲、入手、起股、中股、后股、束股等段落组成,后四个段落中均有两股对仗的文字,合共八股,所以叫作八股文。八股文的主题须代圣人立言,即以孔子的思想去指导自己写文章。清代将圣人扩大到孔门弟子及朱熹等理学家在内的圣贤,并要求以朱熹行文的语气为样式。乾隆以后,试帖诗成为科举考试的重要项目。试帖诗与八股文一样,有固定的程式,也是八联十六句,只是将八股改为六股。诗帖诗首联如破题,次联如承题,三联如起讲,四五联如中股,六七联如后股,八联如束股,而且必须发扬孔孟和朱熹思想,不可任意抒发自己的感想。定八股原本的用意可能是,用固定的格式写便于考官评分,以示"公平",否则各人有各人的写作风格,必会出现"仁者见仁,智者见智",难分高下的情形,但是后来却成了统治者控制思想的工具。由于考八股文压抑了那些本来不擅长科举科目的人的思想,也使一些知识分子无法在学术上、思想上进行创新,从而导致了知识分子思想上的落后,使科学技术的发展也停滞不前,甚至产生了像"孔乙己"那样的科举牺牲者。

第二,科举制度产生了家庭悲剧。由于科举制度及第者享有丰富的、优待的荣誉,而且科举也是普通人出头的重要途径,因此经常会有贫士高中之后抛妻弃子的悲剧发生,相信"陈世美"(首先,这只是戏曲中的人物,据考证纯为子虚乌有;其次,这也是个人的私德问题)的丑名是无人不知、无人不晓的。这种家庭悲剧的产生很重要的原因虽然在于当事人个人的思想价值观和责任感,但是科举制度毕竟还是提供了一块生存的土壤。

第三,科举制度导致官场腐败。随着历史车轮的推进,科举制度出现了政治化倾向,同时"天地君亲师"的教育也造成了师门关系的盛行。这造成了严重的师门裙带关系现象。这些师门关系在官场中互相拉帮结派,并且官官相护。清代乾隆年间的大贪官和绅就是一个最好的例子,和绅借着乾隆皇帝的宠爱而一手遮天,收受贿赂,富可敌国,并多次利用科举考试的题目为饵收取考生贿赂。这尤其不利于国家公正、公平、公开的社会良好制度的建立,造成了官场的黑暗和社会的混乱。

课堂感悟

1.简述中国教育机构的发展。

2.你觉得科举制度的实行有必要吗?

3.谈一谈科举制度带来的影响。

推荐书目

1.李世愉,胡平:《中国科举制度通史》。

2.常德增,刘雪君:《科举与书院》。

3.刘海峰:《科举学的形成与发展》。

第四章　中国传统审美文化

知识目标

　　1.了解中国传统音乐的发展；

　　2.了解中国传统书法和传统绘画的发展历程及特色；

　　3.了解中国文学诗词的发展，并掌握各时期卓越人物的诗词特色；

　　4.了解中国传统文学中散文的成就；

　　5.掌握中国传统文学中小说的风格及代表作品。

关键词语

　　中国传统艺术　中国传统文学

第一节　中国传统艺术

一、音乐艺术

　　各种艺术门类中,最神秘的莫过于音乐,它由无形、无影、无可触摸的声音编织成变化无常、情趣万端的曲调,时而轻柔、时而雄伟、时而欢愉、时而悲伤……无论东方还是西方,无论当代还是古代,不知道有多少人为之或陶醉,或悲伤,或振奋……无数先哲前贤,对美好的音乐艺术都推崇备至。音乐特殊的艺术品格,使其当之无愧地成为全人类沟通心灵、相互理解的共同语言。

1.远古至春秋战国时期的音乐

　　原始社会分为旧石器时代和新石器时代。到新石器时代,才有了早期音乐的存在。夏商时期,开始进入奴隶社会,这标志着社会阶级的诞生,也意味着音乐被奴隶主使用,主要表现为祭祀活动中的音乐和图腾崇拜。周代,思想体系及政治制度都承袭了商代。周人也注重祭祀,对神鬼持信奉态度,当时的礼乐文明是封建礼教的最佳体现。春秋时期,奴隶社会衰落,"礼崩乐坏",文化下移。郑卫之音使社会的整体审美观念发生了变化,发展钟磬之乐成为历史必然。战国时期,出现了"七国争霸"的局面,其中楚文化尤为突出,这种社会形态的变化促进了音乐形态的发展。

远古至春秋战国时期的音乐体裁主要为乐舞、古歌。原始乐舞是指歌、舞、乐三位一体的乐舞形式,是我国乐舞的早期形态。从原始社会至周代产生了六部有代表性的乐舞,是黄帝时代的《云门》,尧的《咸池》,舜的《韶》,夏禹的《大夏》,商的《大濩》,周的《大武》。我国乐舞的创作由幻想性发展至现实性,由此可见,我国乐舞的专业化程度在逐渐提高。

夏禹的《大夏》

远古至春秋战国时期的主要乐器(打击乐器和吹奏乐器)有贾湖骨笛、埙、曾侯乙墓编钟、磬、骨哨、鼓、铜铃等。

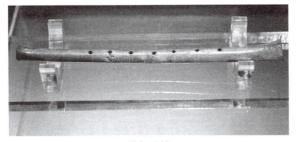

贾湖骨笛

埙

2. 秦汉、魏晋南北朝时期的音乐

秦始皇统一六国,立号为皇帝,统一了度量衡、钱币、文字,实行“车同轨,书同文,行同轮”,由此带动了音乐文化的发展。秦时设立了中国第一个音乐机构——乐府,这里聚集了各种宫廷音乐文化和民间音乐,促进了传统音乐的发展。

汉代,沿袭秦制,政治、经济获得了一定的发展,出现了两大科学高峰,把音乐带入了中古伎乐时期。由于汉代统治者喜欢民间音乐,因而促进了民间音乐和宫廷音乐的融合。相和大曲便是当时的产物,表明当时的音乐文化进入了以歌舞伎为主流的时代。此外,西乐东渐,刮起了一阵胡风,宫廷音乐、民间音乐与胡乐相融合,进一步促进了音乐的发展。

秦汉时期的音乐体裁有相和歌、相和大曲。秦汉时期的主要器乐是古琴。古琴是我国历史上最古老的弹拨乐器之一,也称“七弦琴”。由古琴演奏的琴曲与琴歌,也称“弦歌”。

七弦琴

　　魏晋南北朝时期,国家处于分裂状态,战乱比较频繁。政治中心从北方的长安、洛阳转向南京,随之出现了清商乐体裁。由于政治黑暗,当时音乐家的作品都有反叛思想,表现出的作品性格都很倔强。文人学者们通过古琴来宣泄情绪,文人与音乐的结合促进了古琴的发展。此外,西域音乐、印度佛教都传入中原,为隋唐燕乐的发展打下了基础。

　　这一时期,音乐题材多为清商乐、清商大曲等。

　　魏晋南北朝时期比较杰出的音乐家有曹妙达、苏祗婆、嵇康、阮籍等。

　　①曹妙达:北齐宫廷中的西域乐官,擅长琵琶演奏,为曲项琵琶在中国的传播和发展做出了不可磨灭的贡献。

　　②苏祗婆:北周天和三年随阿史那公主抵达长安的一位龟兹乐人,擅长琵琶演奏,精通龟兹的宫调理论。苏祗婆将西域的五旦七调理论传授给北国的内史大夫郑译,对促进西域与中原地区音乐文化的交流和隋唐燕乐宫调理论的发展有着重要的历史功绩。

　　③嵇康:魏晋时期著名的文学家、思想家和音乐家,著有古琴艺术的辞赋《琴赋》。

　　④阮籍:魏晋时期著名的文学家和音乐家,著有琴曲《酒狂》。阮籍崇奉老庄之学,在政治上采取谨慎避祸的态度。

嵇康

阮籍

3. 隋唐时期的音乐

隋朝结束了两晋以来南北分裂的局面，实现了南北统一，经历了 37 年的繁荣盛世。隋朝统治期间，对外贸易比较频繁，出现了海上丝绸之路，促进了中国与西亚等国的商业发展和经济贸易，进而促进了音乐文化交流，为音乐在唐代的发展打下了基础。

唐代的政治、经济、文化都得到了很大的发展，这些都为音乐文化的繁荣提供了条件，使得唐代成为歌舞发展的黄金时期。西域音乐的传入，使七部乐、九部乐、十部乐成为可能，以致出现了坐部伎、立部伎，使宫廷音乐的发展达到了顶峰。唐代的音乐机构有四个，培养出了更多的乐伎、歌舞伎，出现了丰富的音乐体裁。唐代出现了较多的歌舞伎，使得歌舞伎成为当时贵族文人重金赎买的对象。

总之，隋唐时期的开放政策，使民间音乐、文人音乐、宗教音乐都得到了进一步发展，是封建音乐文化发展的全盛时期。隋唐时期的音乐歌舞主要有隋朝七部乐、隋朝九部乐、唐朝九部乐、唐朝十部乐、坐部伎、立部伎、燕乐大曲、《霓裳羽衣曲》等，这段时间主要使用的乐器有曲项琵琶、箜篌、筚篥、羌笛、胡笳等。

隋朝七部乐

《霓裳羽衣曲》

4. 宋元时期的音乐

宋朝分为北宋和南宋。北宋结束了五代十国分裂的局面，实现了统一，北宋的经济得到了很大的发展，社会安定、人口增多，呈现一派繁荣景象，人们有了多余的时间去寻求娱乐，由此出现了固定的娱乐场所（瓦子和勾栏）及新的音乐体裁。后来，北方战乱频繁，政治中心由北方迁入南方,称为南宋。北方的音乐随着人们的南迁也被带到南方,与当地的民间音乐相结合,形成了新的音乐体裁。

两宋时期的音乐题材主要是歌曲、说唱音乐、戏曲等。

元代,蒙古族入主中原。蒙古族人野蛮和无视文化的行为,使当时的文人流落民间。这样,文人有机会接触到最底层人的生活,创作了许多作品,进一步促进了杂剧的繁荣,出现了元曲四大家、四大传奇。

元代的音乐体裁主要有说唱音乐、戏曲等。元代音乐的代表作品:说唱音乐《九转货郎儿》、王实甫的杂剧《西厢记》、关汉卿的杂剧《窦娥冤》、白朴的杂剧《梧桐雨》、郑光祖的杂剧《倩女幽魂》,以及南戏《荆钗记》、《拜月亭》、《琵琶记》,等等。

王实甫《西厢记》

关汉卿《窦娥冤》

5. 明清时期的音乐

明朝和清朝是中国历史上最后两个封建王朝,疆域广阔,是个多民族统一的国家。明朝时,政治、经济、文化、科技取得了一定的成就。郑和七次下西洋,开辟了一条丝绸之路,带来了中外音乐的交流成果,特别是在说唱音乐方面。到明末,国家内部出现了阶级矛盾,农民起义,明代灭亡。清朝时,国力强盛,经济繁荣,前期出现了康乾盛世,促进了中国与日本、朝鲜、泰国等国的音乐交流;后期,清政府的闭关锁国和当时的国家时局,使得市民音乐、民间小曲、民间器乐、说唱音乐、戏曲有了新的发展。

明清时期的音乐体裁主要有歌曲、戏曲、说唱音乐等。歌曲方面主要有民歌、小曲等;戏曲方面主要包括四大声腔(海盐腔、余姚腔、弋阳腔、昆山腔)、昆曲、梆子腔(又称秦腔)、皮黄腔、京剧等;说唱音乐方面主要有鼓词、弹词、道情、琴书。

秦腔

京剧

6. 20世纪50年代前的音乐——清末民初（公元1840—1919年）的音乐

1840年发生的鸦片战争，标志着中国的社会性质发生了质的变化。帝国主义列强的炮火一次次地轰开了清政府"闭关锁国"的大门。清政府腐败无能，一再签订丧权辱国、割地赔款的不平等条约，激起了人们爱国理念的觉醒。政治、经济的急剧变化，必然导致音乐文化的转型，西方传教士也大量涌入中国。受这种"强势文化"的影响，一些西方音乐形式开始在我国传播。19世纪末，兴起了学堂乐歌。学堂乐歌是一种选曲填词的歌曲，起初多是归国的留学生用日本和欧美的曲调填词，后来用民间小曲或新创的曲调填词。学堂乐歌以沈心工、李叔同等启蒙音乐家为代表。

李叔同

7. 20世纪50年代前的音乐——20年代（公元1919—1929年）的音乐

1919年5月4日，五四运动爆发，该运动提倡"自由""平等""博爱"，使中国文化在各个领域发生了思想观念上的深刻变化，形成了一股反对旧思想、旧礼教，提倡白话文，反对文言文的时代潮流。在这样的历史背景下，中国音乐文化进入了一个新的历史发展阶段。20世纪的中国音乐，真正进入了专业音乐创作的历史时期。

这一时期比较杰出的音乐家有肖友梅，代表作品有歌曲《问》、器乐曲《新霓裳羽衣舞》等；赵元任，代表作品有《劳动歌》《卖布谣》等；刘天华，代表作品有二胡独奏

肖友梅

77

曲《病中吟》、琵琶曲《歌舞引》等；王光祈，代表的音乐论著有《东西乐制之研究》《东方民族之音乐》《中国音乐史》。

8. 20 世纪 50 年代前的音乐——30 年代（公元 1930—1940 年）的音乐

1931 年 9 月 18 日，日本帝国主义武装发动了侵略中国东北的战争。1937 年 7 月 7 日，卢沟桥事变导致抗日战争全面爆发。日本帝国主义的侵略行径，激起了中国人民的极度愤慨。这个阶段比较杰出的音乐家有黄自、贺绿汀、聂耳、冼星海、张寒晖等，代表作品具有强烈的政治性倾向，如《抗敌歌》、管弦乐《森吉德玛》、群众歌曲《义勇军进行曲》、大合唱《黄河》《松花江上》等。

《义勇军进行曲》

9. 20 世纪 50 年代前的音乐——40 年代的音乐

1945 年是重要的一年，这一年，抗日战争取得了伟大胜利。抗战胜利后，中国的文化中心转移到了南京和延安，音乐创作和音乐教育也产生了显著不同的特色。这一时期的音乐主要是群众歌曲的创作，如马思聪的小提琴曲，谭小麟的室内音乐，丁善德、瞿维的钢琴曲，贺绿汀等人的管弦乐。代表作品有交响乐《第一交响曲》、管弦乐《山林之歌》《长征交响曲》等。

10. 20 世纪 50 年代至 70 年代的音乐——"文革"前的音乐

1949 年 10 月 1 日，中华人民共和国成立，标志着中国民主革命的胜利。自此中国进入了一个新的历史时期，这一时期的音乐作品以积极豪迈、健康向上、歌颂人民美好的新生活为主题。1950 年后期，在陕北民歌的推动下，音乐作品表现出鲜明的民俗民风特色，并产生了这一时期特有的表现部队生活的军旅歌曲。1960 年初，出现了第一所培养音乐人才的专业音乐院校——中国音乐学院，组建了一批从事民族音乐制作和表演的专业艺术团体。

11. 20 世纪 50 年代至 70 年代的音乐——"文革"时期的音乐

1966—1976 年的"文革"时期,音乐的文艺方向发生了变化,只有样板戏和语录歌,致使中国音乐的发展出现了全面停滞和倒退。从中华人民共和国成立到 20 世纪 70 年代末,这一时期的音乐创作在构思和风格上基本继承了民主革命时期的音乐革命传统,以英雄性、战斗性、颂歌性为典型风格。

这一时期主要的音乐题材为革命样板戏、歌剧和舞剧。代表作品有京剧《红灯记》、京剧《智取威虎山》、歌剧《小二黑结婚》、芭蕾舞剧《白毛女》等。

京剧《红灯记》剧照　　　　　　　芭蕾舞剧《白毛女》剧照

12. 20 世纪 80 年代后的音乐——改革开放中的音乐

随着对外开放政策的实施,我国音乐艺术逐渐恢复了生机。中国音乐创作开始在朦胧中苏醒和蜕变,音乐的体裁和题材都发生了巨大变化。随着音乐家的不断出国访学,我国民族音乐创作与教育水平得到了迅速提高。

这一时期的音乐体裁主要有新潮音乐、流行音乐、影视音乐、艺术歌曲等。代表作品有《我爱你中国》《走进新时代》《在希望的田野上》等。

13. 20 世纪 80 年代后的音乐——新世纪的音乐

迈入新世纪后,我国加大了对内改革、对外开放的力度,国民经济在保持快速平稳发展的前提下有了大幅度增长,人们的物质文化生活也有了进一步提高。这一宏观态势,为音乐艺术在新世纪的繁荣发展提供了坚实的经济基础和广阔的文化消费市场。随着国家对音乐创作投入的大幅度增加,各级政府、国营专业音乐团体与作曲家之间的委约创作渐渐成为时尚,这在一定程度上促进了音乐创作的繁荣。

这一时期的音乐体裁主要有新世纪音乐、R&B 曲风、Rap 等。

二、书法艺术

书法是中国的国粹,博大精深,源远流长,是东方艺术的代表。从古到今,世界上有数千种文字。虽有写得美观、带有艺术意味的文字，但仅止于记事传言，只有汉字的书写上升为一门特别高深的艺术。汉字书写产生了别具一格的形式意味和笔法体系，具有严格的技艺规范和品评标准，其审美意味所表现的创造主体的心灵世界，是书法艺术的精神构成，也是世界艺术史上的瑰宝。

1. 中国书法的来历

早在新石器时代，陶器上就出现了一些刻画符号，虽然我们现在还不能准确识读它们，但不得不承认，它们已经初步具备了文字的雏形。

半坡人面网纹盆口沿的符号被认为是最早期的文字（距今6000多年）。

商周帝王由于迷信，凡事都要用龟甲或兽骨进行占卜，然后把占卜的有关实情刻在甲骨上，作为档案材料由王室史官保存。这是中国最古老、成熟的文字，因为刻在龟甲和兽骨上，所以被称为甲骨文。

下图（右）所示的是商周早期的一片甲骨，记载的是商王祭祀、乘车狩猎等活动事宜；会甲骨上所刻的这种文字意味着在书法上有很高的造诣。

半坡人面网纹盆　　　　　　　　　　　　甲骨文（商周早期）

与甲骨文几乎同时兴起的书体是金文，因铸刻在青铜器上而得名。在商周，一个人如果为王朝建立了功勋，就会获得君王大量的赏赐。立功的人常常要铸造青铜器，并铸刻上自己的功勋，以显耀于后世。这些记录功勋的文字流传至今，已成为书法艺术的瑰宝。

小篆，又称"秦篆"，其笔画首尾匀圆，结构对称，给人以刚柔并济、圆浑挺健的感觉，为汉字的规范化起了很大的作用。春秋战国时期，诸侯争霸，各国的文字差异很大。秦始皇统一六国后，统一了文字，促进了中国文化的交流。

隶书首创于秦，到汉代发展起来。"隶"本是隶人的意思，也就是管罪犯的官吏。秦始皇统一中国后，施行严法酷刑，由于犯法的人很多，因此管文件的官吏每天要抄写的报告文件也很多，于是他们就用这种早已在民间流行的俗体来写，又因为官吏就是隶人，故人们将他们所写的这种字体称为隶书。

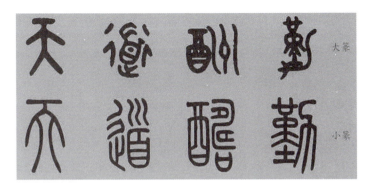

篆体

在书法形体演变过程中,由隶书向草书、楷书、行书同时演变,大概出现在魏晋时期。

草书形成于汉代,是为了书写简便而在隶书基础上演变出来的。草书有章草、今草(小草)、狂草(大草)之分。章草是隶书的草体;今草是章草的进一步草化,由章划衍进而成;狂草比今草更加纵逸奔放。

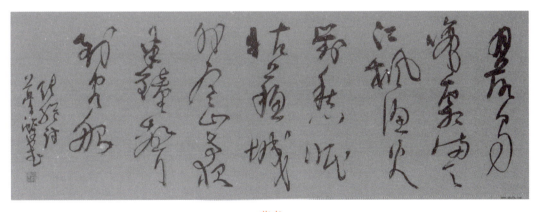

草书

楷书脱化于隶书和章草,它孕育于汉代,始于三国,盛行于魏晋南北朝。唐代是楷书发展的鼎盛时期。

行书是介于草书与楷体之间的一种书体,自汉代以来一直风行于世。

2. 古代书法大家及其书法精品

(1)王羲之

王羲之的书法刚柔相济,虚实相生,动静结合。其字奇而正,雄而逸,健而美,为书法创立了至高的准则。

现存的王羲之的楷书有《乐毅注》《黄庭经》《东方朔画赞》等,行书有《兰亭序》摹本和刻本。

《兰亭序》是王羲之的行书代表作,是其一生的顶峰之作,被誉为"天下第一行书"。

王羲之作品《兰亭序》

王羲之的儿子王献之,书风似其父,但更有逸气,更英俊豪迈,进一步扭转了当时的古拙书风,被称为"破体"。王献之工草书、隶书,兼精诸体,尤以行草为长。

（2）唐初四大家

①褚遂良。褚遂良的字体清丽刚劲,笔法娴熟老成,其代表作品有《雁塔圣教序》。

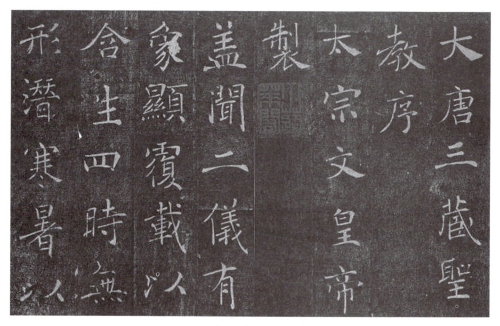

褚遂良作品《雁塔圣教序》

②欧阳询。欧阳询的字体笔力险劲,结构独异,后人称为"欧体",其代表作品有《九成宫》等。

欧阳询作品《九成宫》

③虞世南、薛稷。他们在继承传统的基础上创立了新的楷书规范。

（3）张旭和怀素

张旭和怀素二人为草书"二绝"，世人谓"张旭为癫，怀素为狂"。唐代诗人杜甫在《饮中八仙歌》中写道："自称臣是酒中仙。张旭三杯草圣传，脱帽露顶王公前，挥毫落纸如云烟。"

张旭的书法得于"二王"而又有所独创，狂草是其在书法上的创新。其狂草流走快速，连字连笔，一派飞动，"迅疾骇人"，把悲欢情感痛快淋漓地倾注于笔墨之间。《肚痛帖》是张旭书法的代表作，其字用笔顿挫使转，刚柔变化，神采奕奕。

怀素的狂草，用笔圆劲有力，使转如环，奔放流畅，一气呵成。怀素的草书，较张旭笔法变化更加丰富。其代表作品《自叙帖》，真迹龙飞凤舞，舒缓飘逸，从容不迫，不同凡响。

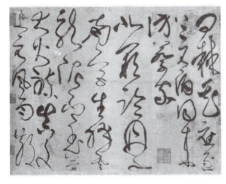

张旭作品

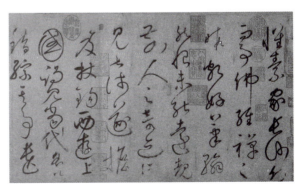

怀素作品

（4）颜真卿

颜真卿不仅完成了楷书变法，而且还倡导行草变化。苏轼评赞颜真卿："诗至杜子美，文至韩退之，书至颜鲁公，画至吴道子，而尽天下之变，天下之能事毕矣。"

颜真卿之字遒劲开朗，人称"颜体"。其书迹《多宝塔碑》《麻姑仙坛记》《李元靖碑》《颜家庙碑》《争座位帖》《自书告身》等流传至今。其作品《祭侄季明文稿》（简称《祭侄帖》），被誉为"天下第二行书"。

颜真卿　　　　　　　　　　颜真卿作品《多宝塔碑》

（5）柳公权

柳公权的书法以楷体闻名。柳公权学"颜字"，但能自创新意，避开"颜字"肥壮的竖画，把横画写得均匀而瘦硬，世称"颜筋柳骨"。柳公权的代表作品有《金刚经》《神策军碑》《玄秘塔》等，后两部作品尤享盛名。

柳公权　　　　　　　　　　柳公权作品《金刚经》

（6）苏轼

苏轼擅长行书、楷书，取法于前代书法名家而又自创新意，用笔丰腴跌宕，有天真烂漫之趣。苏轼是宋元时期尚意书风的代表人物,其《黄州寒食诗帖》被世人誉为"天下第三行书"。苏轼、黄庭坚、米芾、蔡襄并称"宋四家"。

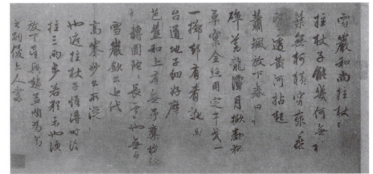

苏轼作品

（7）赵孟頫

元代书法家以赵孟頫为第一,擅长篆、隶、楷、行、草各体,楷书、行书、小楷皆精。

赵孟頫

赵孟頫《雪岩和尚挂杖歌卷》

颜真卿、柳公权、欧阳询、赵孟頫并称"楷书四大家"。

（8）郑板桥

郑板桥的书法"隶篆参合行楷,非古非今,非隶非楷,纵横错落,自成体貌"。

三、绘画艺术

中国的绘画作品简称"国画",是具有悠久历史和优良传统的绘画品种,在世界美术领域中自成体系。国画是指用毛笔、墨和中国颜料在特制的宣纸或绢上作画,分为人物、山水、花鸟等画科。国画在技法上又分为工笔、写意两大类,有壁画、屏障、卷轴、册页、扇面等多种画幅形式,还有独特的装裱工艺。

1. 绘画艺术简述

绘画艺术是中国文化史上不可缺少的组成部分。人们的文化生活处处离不开绘画,如雕梁画栋的房屋,五光十色的陈设,色彩缤纷的服装,丰富多彩的书籍插图,等等。总之,人们的衣食住行都离不开绘画。中国的绘画艺术具有悠久的历史,远在文字形成以前,就已经有了绘画的萌芽,史前文化以及整个中国文化的灿烂历史都与绘画艺术息息相关。就已有专业画家或画工所从事的画种来说,人物画从晚周至汉魏、六朝渐趋成熟,山水、花鸟至隋唐已形成独立的画科,五代、两宋流派竞出,水墨画盛行,山水画蔚然成为大科。文人画于唐代兴起,宋代已有发展,而至元代大兴,画风趋向写意,明清和近代也有所发展,日益侧重达意畅神。在魏晋、南北朝、唐代和明清等时期,中国绘画先后受到佛教绘画艺术及西方艺术的影响。

舞蹈纹彩陶盆属新石器时代的陶质彩绘作品,出土于青海,其上主要是人物形象。旋涡纹瓶属新石器时代的陶质彩绘作品,是马家窑文化的代表,其上主要是几何纹饰。

舞蹈纹彩陶盆　　　　　　　　　　　旋涡纹瓶

2. 不同时期绘画艺术的特点

唐代绘画艺术的特点:一是礼教绘画复兴;二是属宫廷玩赏画;三是文人绘画艺术深化。

五代、两宋时期绘画艺术的特点:一是属宫廷院画,表现出"精致缜密"的院体风格;二是画法为米芾、苏轼等人的文人墨戏;三是南宋时期,画风趋向简率豪放,水墨刚劲。

元代绘画艺术的特点:一是绘画题材扩展到山水,并使之成为中国绘画史上最重要的一个永恒主题和无限象征;二是画法较宋人的墨戏更为严谨;三是重视绘画中的书法趣味,要求"以书入画";四是在画面的意境构成上追求以诗题画,讲求诗情画意的相得益彰。

明清时期绘画艺术的特点:一是宫廷绘画的复兴;二是文人画的暗转和绘画商品化的兴起;三是西洋绘画的传入;四是画派蜂起,画科题材全面。

近现代绘画艺术的特点:一是民国时期,徐悲鸿提倡"新国画",林风眠主持了西化艺术运动;二是20世纪50年代,黄宾虹、齐白石等一代宗师,仍然在传统的笔墨中创造属于自己的山水画风格,并影响着后人;三是出现了现代台湾山水画三大家张大千、溥濡、黄君壁。

3. 不同的绘画艺术精品

"帛画"，专指古代画在丝织物上的图画。帛画可以说是传统卷轴画这一艺术样式的先声。战国时期楚墓帛画《龙凤仕女图》的主题是祈求飞腾的龙凤引导墓主人的灵魂早日登天升仙，该帛画为绢本墨绘，纵 31.2 厘米，横 23.2 厘米。

战国时期楚墓帛画《龙凤仕女图》

战国时期的青铜画像描绘的都是现实生活中的场景，如宴饮、会射、采桑、狩猎……

战国时代青铜画像

东晋顾恺之的《女史箴图》以日常生活为题材,笔法如春蚕吐丝,形神兼备;线条循环婉转,均匀优美。

东晋顾恺之《女史箴图》

阎立本的《步辇图》

阎立本,唐初画家,擅长画人物,笔力圆劲雄浑,善于刻画人物的性格特点和神态气度,是唐代人物画的先驱。阎立本的代表作品有《步辇图》等。

吴道子的《天王送子图》

吴道子,唐代画家,又名道玄。其画佛像圆光、屋宇柱梁,皆一笔挥就,不用规矩;其所画衣褶笔势圆转,表现出当风飘舞之状态,故有"吴带当风"之说。吴道子的画被列于"神品上",他也被历代论画者尊为"画圣"。吴道子的代表作品有《天王送子图》等。

王维的《辋川图》

王维,字摩诘,唐代诗人、画家。精绘画,善画水墨山水,苏东坡称其作品"诗中有画,画中有诗"。王维将诗与画融合为一,开文人画之先河。他所作的"破墨山水",采用了以水渗透墨彩来渲淡的新技法,打破了青绿重色和线条勾勒的束缚,更适于对自然景物的描绘。王维的代表作品有《辋川图》等。

张择端,字正道,北宋画家。擅画界画,喜画城市、宫室景物,尤工舟车、市街、桥梁,皆惟妙惟肖,独具风格。其代表作品《清明上河图》,画幅呈长卷,纵24.5厘米,现藏于北京故宫博物院。画面描绘的是12世纪清明时节北宋首都汴京东角楼部分街区和郊外汴河沿岸一角的景象。

张择端的《清明上河图》

马远,字遥父,号钦山,南宋画家。擅画山水,画山石用笔直扫,水墨俱下,见棱见角。后人将其与夏圭、李唐、刘松年合称"南宋四大家"。马远的代表作品有《晓雪山行图》等。

马远的《晓雪山行图》

黄公望,本姓陆,名坚,元代画家,与吴镇、倪瓒、王蒙并称"元四家",而尤"以黄公望为冠"。黄公望对明清山水画的影响甚大,其代表作品有《富春山居图》等。

黄公望的《富春山居图》

徐渭,字文长,号天池山人,晚年号青藤道人,明代文学家、书法家。徐渭的诗文、戏曲作品甚丰,著有《徐文长全集》。徐渭中年以后开始学画,擅长画花鸟,兼画山水、人物,用笔放纵,水墨写意,不拘绳墨,笔简意浓,形象生动,开启了明清以来水墨写意画的新篇章。其代表作有《墨葡萄图》。

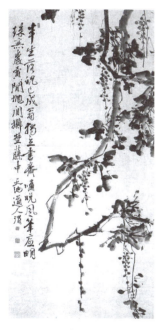

徐渭的《墨葡萄图》　　　　朱耷的《荷花双鸟》　　　　原济的《黄山松风图》

朱耷为清初画家。"朱耷"是其僧名,书画落款通常为"八大山人"。朱耷坚决反对清朝的民族高压政策,常借诗文书画发泄内心的不满。如其所画鸟鱼常以"白眼向人",以寄托他对清朝不肯妥协、不甘屈辱的情感。朱耷擅长画水墨花卉、禽鸟,笔墨简括凝练,形象夸张,含蓄蕴藉,痛快淋漓,独出新奇,自成一格。他的山水画也构图险怪,多以荒岭怪石表现"残山剩水、地寒天荒"的冷寂境界。朱耷的画作代表有《荷花双鸟》等。

原济,姓朱,名若极,广西全州人,清初画家。原济是他五岁时为避祸削发为僧时所用的法名,其号为苦瓜和尚。原济擅画山水,兼工花果、兰竹、人物,画名极盛。他的画作力求独创,构图善于变化,笔墨恣肆,意境苍茫新颖,一反当时仿古之风,对扬州画派及近、现代中国画影响很大。另外,他对绘画理论也颇有研究。原济的画作代表有《黄山松风图》等。

四、雕塑艺术

1. 雕塑的含义和分类

中国古代雕塑艺术主要包括陵墓雕塑(地上的纪念性石刻与墓室随葬品)和宗教雕塑。

雕塑是美术的重要门类之一,是指在可供雕或塑的金属、石头、泥、木材等材质上,用不同的工具雕刻或塑造出一定的立体形象,以表达作者的思想和情感。雕塑既是三维空间的立体艺术,也是体积的艺术。雕塑的创作方法主要是雕和塑,因此合称"雕塑"。

按照形态不同,雕塑可分为圆雕、浮雕、透雕;按照材料不同,雕塑可分为石雕、木雕、砖雕、竹雕、泥雕、青铜雕等;按照内容和功能不同,雕塑可分为宗教雕塑、纪念性雕塑、园林雕塑、陵墓雕塑、装饰雕塑等。

2. 雕塑艺术的发展及演变

（1）史前雕塑（公元前 6500—公元前 1600 年）

史前雕塑是中国迄今发现的最古老的雕塑,属新石器时代氏族公社繁盛阶段的遗物。这一时期的雕塑,造型粗略、夸张,极具装饰性。红山女神头像和裸体女像都是这一时期雕塑艺术的典型代表。

红山女神头像

红山女神头像：出土于辽宁牛河梁的红山文化考古区。高 22.5 厘米，面宽 16.5 厘米。额上塑一圈凸起的圆箍状饰物，眼睛由淡青色圆饼状玉片制成。整个头像呈扬眉注目、掀动嘴唇的说话状态，格调神秘，塑工细腻。

裸体女像：出土于东山嘴红山文化遗址。表达了原始人对母性的崇拜和歌颂，寄托着原始人祈求生育的愿望。手法简练，注重整体结构塑造，适当夸张了女性特征，对无关紧要处做了简化处理。手抚腹部这个孕妇习惯动作的描绘，为作品增添了生活趣味，表现了人物的母性特征。

裸体女像

（2）商朝至春秋战国时期雕塑

青铜礼器：具有重要的政治、宗教、礼仪意义。

商代：雕塑神秘，具有威慑力，多刻画神化的人与兽。代表性作品有人面方鼎上的浮雕人面、司母戊鼎、虎食人卣（yǒu）。

西周：雕塑重写实，增加现实、理性因素。代表性作品为鸭尊。

春秋、战国时期：繁缛华美、追求装饰性（山西浑源出土的牺尊）。

人面方鼎（也称"大禾方鼎"）：高 38.5 厘米，口长 29.8 厘米，宽 23.7 厘米。1959 年出土于湖南省宁乡县黄材寨子山，湖南省博物馆藏。人脸宽而方，双耳肥大，颧骨凸起，双唇紧闭突出，表情严肃，与现在中国人的脸没有什么区别。鼎腹内壁有铭文"禾大"二字，故此鼎可能是为庆祝丰年或者祈求丰年而铸造的礼器，也有可能是铸器者的名字，即物主标记。

鼎是等级制度和权力的标志，古代社会对于用鼎的数目有相应的制度，称为"列鼎制"。西周时期天子用九鼎,诸侯用七鼎,卿大夫用五鼎,士用三鼎,以划分等级、区别身份。

人面方鼎(大禾方鼎)

虎食人卣(yǒu)

虎食人卣:商代晚期的青铜器珍品,是商代的盛酒器。虎食人卣造型取自餐与人相抱的姿态,虎后足及尾构成卣的三足。虎前爪抱持一人,人朝虎胸蹲坐,双手伸向虎肩,虎欲张口啖食人首。

该青铜器物纹饰繁缛,以人兽为主题,表现怪异的思想。

司母戊鼎:后称"后母戊鼎",于 1939 年 3 月在河南安阳出土,是迄今出土的最大、最重的鼎,现藏于中国国家博物馆。该鼎重 832.84 千克,高 133 厘米,口长 110 厘米,宽 78

厘米,足高 46 厘米,壁厚 6 厘米,腹内壁铸有"后母戊"三个字。

司母戊鼎

鸭尊:高 44.6 厘米,口径 12.7 厘米,长 41.9 厘米,重 6.6 千克,为西周时期的盛酒器。1955 年出土于辽宁省凌源市,现藏于中国国家博物馆。这件青铜酒尊通体做成鸭形,尊口开于鸭背。鸭的双脚在前,后腹另出一足,与双脚共同支撑全体。商周时期的青铜酒尊常常做成动物的样子,有象、犀、虎、牛、羊、凤、怪兽等形状。

西周鸭尊

牺尊

牺尊：春秋晚期的温酒酒器。高 33.7 厘米，长 58.7 厘米，重 10.76 千克。这件青铜器的牛鼻穿环，牛颈饰有虎、犀等小动物，首、颈、身、腿、臀等部位布满了纹饰，纹饰华丽繁缛，构图精美缜密。

（3）秦代雕塑（公元前 221 年—公元前 206 年）

秦代在建筑装饰、陵墓装饰和明器（冥器）发展中，形成中国雕塑史上的第一个高峰。最具代表性的是秦始皇陵的兵马俑和铜车马。

兵马俑

秦始皇陵铜车马

兵马俑,即秦始皇兵马俑,亦简称秦兵马俑或秦俑,是古代墓葬雕塑的一个类别。其人物雕塑更注重面部的形象刻画,神态万千、精细逼真,铜车马大小约为真人真马的二分之一,是雕塑艺术史上的奇迹。兵马俑和铜车马充分体现了主导那个时代的高大、雄健的风尚。

秦代雕塑的总体特点:浑厚雄健、气魄宏大,体现封建社会上升期时积极向上、朝气蓬勃的精神风貌,具有崇高的力和数的巨大、超常的审美特征。

（4）汉代雕塑（公元前 206—公元 220 年）

汉代墓葬雕塑特别发达,已从地下的墓穴装饰发展到地上的陵墓表饰,在形式上也突出了石雕作品的雄浑之势和整体之美。这一时期代表性的石雕作品是马踏匈奴。

马踏匈奴的外轮廓准确有力,刀法朴实明快,具有丰富的表现力和高度的艺术概括力,是我国陵墓雕刻作品的典范之作。

马踏匈奴

（5）魏晋南北朝时期

魏晋南北朝时期,佛教思想与儒学思想相互碰撞、交融,统治者利用宗教大建寺庙,凿窟造像,企图利用直观的造型艺术来宣传其思想和教义。

云冈石窟是中国佛教艺术处于巅峰时期的经典杰作,是中国规模最大的古代石窟群之一,与敦煌莫高窟、洛阳龙门石窟和天水麦积山石窟并称中国四大石窟艺术宝库。

云冈石窟

古阳洞开凿于北魏时期,距今已有 1500 年历史,是龙门石窟中开凿最早的一个石窟。洞内小窟众多,精巧富丽,是研究北魏石窟艺术的珍贵资料。

古阳洞

麦积山石窟

麦积山石窟位于甘肃省天水市麦积区。该石窟开凿于北魏,后经隋、唐、五代、宋各代不断开凿扩建,被誉为东方雕塑艺术陈列馆。

（6）隋唐雕塑

隋唐雕塑通过丝绸之路汲取域外艺术的养分,融汇南北方雕塑艺术成就,创造了具有时代风格的不朽杰作。隋唐雕塑既有博大凝重之态,又不失典雅鲜活之美。

隋唐时期,宗教造像艺术、陵墓装饰雕刻艺术、陶瓷雕塑艺术、肖像造型艺术等空前繁荣。

卢舍那大佛是按照武则天的形象塑造的,造于唐高宗咸亨四年,即公无 672 年,位于洛阳龙门西山南部山腰奉先寺,是龙门石窟中艺术水平最高,规模最大的一处。

奉先寺卢舍那大佛

莫高窟壁画

莫高窟，俗称千佛洞，始建于南北朝，后经隋唐、北宋、西夏、元等各代扩建，形成了巨大的规模，是世界上现存规模最大，内容最丰富的佛教艺术宝地。

（7）宋代雕塑

宋代市民阶层壮大起来，代表市民趣味的审美观念也随之兴起。这一时期理学兴盛，佛教日趋衰落。

宋代的佛教雕塑明显世俗化，形象更接近现实生活，佛雕造像以观音菩萨居多。

（8）元明清雕塑

元代，雕塑发展呈现衰微之势。元代的雕塑艺术明显受到印度、尼泊尔、西藏艺术的影响，造型奇特。明、清两代建筑雕刻的精华荟萃于皇家坛庙，明清时期的雕塑虽布置讲究、技术娴熟，但既缺乏汉代雕塑的雄浑，又缺乏唐代雕塑的超然，也缺乏创造性和生命力。在雕塑风格上，明代较浑朴、有力，清代追求精巧易流于琐细。元明清雕塑的代表作品有元代的天王石雕、明代的十三陵浮雕、清代的裕陵地宫石雕。

元代天王石雕

明代十三陵浮雕

清代裕陵地宫石雕

第二节　中国传统文学

一、诗歌

中国古代诗歌的主要功能是抒情,并以表现意境为追求目标,并且将不合乐的称为诗,合乐的称为歌。从古至今,按历史发展可把诗歌分为古体诗、近体诗和新体诗。古体诗是指唐朝以前的诗歌,主要是四言诗、五言诗、七言诗,也有少部分六言诗。古体诗不受格律限制,在押韵方面比近体诗要自由得多,韵脚也可平可仄。近体诗是指唐朝以后的诗歌,主要指律诗和绝句,在字数、声韵、对仗方面都有严格的规定,文人称之为调平仄。按规定,近体诗只能押平声韵。

1.《诗经》

《诗经》是我国第一部诗歌总集。它反映了古代人民从西周初年到春秋中期500多年广泛的社会生活,共选录305首诗,主要是四言诗。《诗经》分“风”“雅”“颂”三部分。其中,“风”包括十五国风,有诗160篇;“雅”分《大雅》和《小雅》,有诗105篇;“颂”分“周颂”“鲁颂”“商颂”,有诗40篇。

“风”是带有地方色彩的音乐,十五国风即西周时期十五个不同地区的乐歌。“雅”是周王朝直接统治地区的音乐,“雅”有“正”的意思,当时人们把王朝直接统治地区的音乐看作是“正声”。“颂”有“形容”的意思,它是朝廷用作祭祀鬼神、赞美祖先和统治者功德的舞曲。

《诗经》的内容极为丰富,称得上周代社会生活的“百科全书”,其内容大致可分为以下几类。

①歌颂周代祖先发祥、迁徙、发展、壮大的过程和历史事件。如《大雅》中的《生民》《公刘》《绵》《皇矣》《大明》等,被认定为周民族的史诗。

②描绘周人在生产、生活中极为恢宏的画卷和农牧渔猎的真实场景。如《豳风·七月》《周颂·噫嘻》等。

③婚恋题材在《诗经》中占有很大的比重,占三分之一以上。其中有许多反映婚姻不幸与失恋的诗篇,如《卫风·氓》反映了不幸的婚姻。

《诗经》是我国文学光辉的起点,它的出现及其思想性和艺术成就,是我国古代文学发展取得一定成就的标志,在我国乃至世界文化史上都有着极高的地位。

2. 楚辞

楚辞是战国时期以屈原为代表的楚国人创作的诗歌,是《诗经》之后的一种新体诗。楚辞的形式是杂言体,如屈原的《离骚》《湘君》《山鬼》《桔颂》。

楚辞的产生不是偶然的,它有着复杂的原因。春秋以来,楚国在长期独立的发展过程中,形成了独特的楚国地方文化,宗教、艺术、风俗习惯等都有其特点。与此同时,楚国与北方各国频繁接触,吸收了中原文化,又发展了固有的文化,这一南北合流的文化传统就是"楚辞"产生和发展的重要基础。

屈原是"楚辞"最主要的代表人物。屈原名平,约生于公元前 340—277 年,是楚国的贵族。他"博闻强记",善于外交辞令,能够洞察政治风云。屈原曾身居要职,参与楚国内政外交方面的重大政治活动,但后来遭谗言失宠,遂被放逐,后因满怀悲愤,自投汨罗江而死。

屈原的作品有《离骚》《九歌》《天问》《九章》《远游》等,据《汉书》记载共有 25 篇,但部分已失传。其中影响最大的是长达 373 行,共 2 490 个字的《离骚》。《离骚》是我国古典文学中最长的抒情诗,也是一篇光耀千古的浪漫主义杰作。

《离骚》共分三段。第一段首先叙述了诗人的家世出身,以及诗人自己的天赋、修养和抱负。诗人通过追述古代史事,回顾了自己辅佐楚怀王革除弊政的过程以及自己受谗被逐的遭遇。第二段诗人发挥想象力,进行了大量的超现实描写,通过上天入地、涉水登山来表达自己的愿望和对理想的执著追求,如"路漫漫其修远兮,吾将上下而求索"。第三段写诗人的热情和理想的幻灭。

《离骚》是我国古代文学史上一部最长的、带有自传性的、富于叙事成分的抒情长诗。它的出现标志着我国文学浪漫主义创作方法的成熟,其浪漫主义色彩主要表现为大胆的想象和奇特的联想,糅合并深化传说中的历史人物和自然现象,编织了一系列幻想的情景。

中国文学史上,诗歌创作一直是文学的主基调,其中《诗经》是现实主义的源头,《离骚》是浪漫主义的先河,二者是我国诗歌的两大源头,被后世合称为"风骚"。

3. 汉乐府与《古诗十九首》

（1）汉乐府

在中国诗歌史上,继《诗经》《楚辞》之后,汉乐府将中国诗歌引向又一个重要阶段。汉乐府的含义是有变化的。两汉时,所谓"乐府"是指汉代官府所设立的音乐机构,"乐"即音乐,府即官府,这是其原始意义。到魏晋六朝时,将乐府所唱的诗也称作乐府,于是

"乐府"便由机构的名称变成带有音乐性质的诗体的名称。

汉代通过乐府机构大规模搜集民间歌辞是在汉武帝时期,内容分二大类,一类是供朝廷祭祀祖先所用的郊庙歌辞,其性质与《诗经》的"颂"相同;另一类则是从全国各地采集来的俗乐,都是无名氏之作,后代称之为"乐府民歌"。"乐府民歌"正是乐府诗的精华所在。

汉乐府诗分为两类:一类是民歌;另一类是文人采风写的歌功颂德、祭祀求福的诗歌,配上乐曲能歌唱。其中最优秀的是来自民间的民歌,皆"感于哀乐,缘事而发",真实而深刻地反应了社会生活的各个层面。汉乐府大部分是叙事诗,颇能描摹人物的口吻神情,创造性格鲜明的人物形象,有比较完整的故事情节,较《诗经》"国风"中的叙事之作有了很大的发展,开拓了叙事诗的新阶段。

汉乐府的主要思想:①对阶级剥削和压迫的反抗。汉代土地兼并剧烈,统治者的剥削和压迫又极为严重,农民生活异常痛苦。乐府诗中有不少对饥饿、贫困的血泪控诉,如《妇病行》《孤立行》等。②对战争和徭役的揭露。自汉武帝后,长期的对外战争给人民生活带来了深重的灾难。许多民歌描写了战场的残酷和统治阶级的残忍,如《战城南》《十五从军行》等。

汉乐府开创了叙事诗更趋成熟的发展阶段。乐府以杂言诗为主,逐步趋向五言诗,也可以说开始了大量的五言诗创作,促进了文人五言诗的成熟,成为诗歌由四言、骚体向五言诗过渡的一个重要阶段。汉乐府对后世诗歌发展的影响极大,从现实主义精神到语言形式,以及具体的叙述描写方法等,都使后人受益匪浅。从魏晋乐府到唐代拟乐府及新乐府运动,都是在思想上、写作手法上、艺术技巧上学习汉乐府的结果。悲剧性长诗《孔雀东南飞》和喜剧性名篇《陌上桑》是汉乐府民歌的代表作品。

（2）《古诗十九首》

中国诗歌的一大转折,体现了乐府五言的兴盛。唐代以前的东汉、魏、晋、宋、齐、梁、陈、隋八代是中国诗史发展的重要阶段。除民间创作的大量乐府民歌外,汉代文人创作的五言诗也很多,五言诗是这一时期最重要的诗体。梁武帝的太子萧统把两汉以来19篇无名氏的文人五言诗选编在一起,标为《古诗十九首》。后来,这一名称成为一个专用名称,专指出自当时社会上那些以传统"游学"方式生存的太学生阶层的文人士大夫的伤时失志的抒情诗。

《孔雀东南飞》　　　　　　　　　　　　《陌上桑》

　　这些诗有一个共同的时代主题——表达中下层文人学子的苦闷、牢骚和不平。《古诗十九首》，从其抒发的情感方面看，诗人内心世界的悲凉情绪清晰可见。这种情绪又大都通过对时光飘忽的感叹或对生命短暂的悲伤来表现，如"人生天地间，忽如远行客"（《青青陵上柏》）；"生年不满百，常怀千岁忧"（《生年不满百》）。

　　这些诗把这批士人内心深处的苦闷、悲哀、牢骚、不平一股脑地抒发出来，这是他们的心声，是他们的歌唱。其中不少诗是通过诗人自身仕途失意的情感反映其苦闷彷徨、愤世伤时的激愤，从中也可见诗人对腐败黑暗政治的疾视与抨击，如《今日良辰会》中的"何不策高足，先据要路津。无为守穷贱，坎坷长苦辛"，就是怒嘲那些所谓的"贤者"无非是一些钻营利禄的小人。更可贵的是，在这类诗歌中还隐约可见这批士人对外在权威的怀疑和否定，表现了他们即使在苦闷彷徨中也在努力探求人生的价值，追求自我和个性的再生。这应该是《古诗十九首》最为突出的思想价值与意义。

　　"汉乐府"和《古诗十九首》基本产生和盛行于同一个时间段，但二者有显著区别。汉乐府是一种民间作品，《古诗十九首》是一种文人创作。

4. 魏晋诗坛

从汉末建安至曹魏正始年间,五言诗已成为诗坛的主要诗体。此时,名家如云,产生了曹操、曹丕、曹植、阮籍、左思等一批承前启后的重要诗人。其中,以"三曹"、建安七子、蔡琰、阮籍、稽康、陶渊明等为代表。

(1)"三曹":曹操、曹丕、曹植父子三人

①曹操(155—220),字孟德,国谯郡(今安徽亳县)人,杰出的政治家、军事家。他的文学创作富于创造性,开辟了文学史上诗歌创作的新风向。曹操的诗全部都是乐府歌辞,他的四言诗应该说是前代诗歌的"压卷之作",也可以说是四言诗中最后出现的最好的作品。曹操的一部分乐府诗反映了汉末动乱的现实,如《薤露行》描写了汉末大将军何进谋诛宦官、召四方军阀为助,结果招致董卓作乱京师的史实;另一部分乐府诗则表现了他统一天下的雄心和顽强的进取精神,《短歌行》是其中的代表作。

②曹丕(187—226),字子桓,曹操之子,曹魏开国皇帝。曹丕生活在相对安定的环境里,因此其文学创作不及曹操丰富。曹丕的诗有两个比较明显的特点:一是描写男女爱情和游子思妇题材的作品很多,而且写得比较好;二是形式多种多样,四言、五言、七言、杂言无所不有,其中成就较高的是五言诗和七言诗。曹丕的两首《燕歌行》是灵活自由的七言诗,也是现存最早的完整的七言诗。他的《典论·论文》是中国文学批评和文艺理论的开山之作。

③曹植(192—232),字子建,曹丕之弟。他是建安时期最负盛名的作家,《诗品》称其为"建安之杰",说他的诗"骨气奇高,词采华茂",现存的诗歌有80多首。曹植的一生以曹丕称帝为界,分为明显的前后两个时期,这种变化也反映在作品中。曹植前期的作品主要表现其追求理想和颖脱不群的性格,以《白马篇》为代表,这首诗塑造了一个武艺高强、渴望为国立功甚至不惜壮烈牺牲的爱国壮士的形象,充满了豪壮的乐观精神。曹植后期因为备受迫害和压抑,所以作品更多地表现其壮志难酬的愤激不平之情,以《杂诗》为代表,其他如《赠白马王彪》《野田黄雀行》《吁嗟篇》等也是这一时期的名作。

(2)建安七子与蔡琰

建安七子是指孔融、陈琳、王粲、徐干、阮瑀、应玚、刘桢。除孔融外,其余六人都是曹氏父子的僚属和邺下文人集团的重要作家。这些诗人目睹了汉末动乱,有的还经历过困苦流离的生活,另外他们还都有一定的抱负,因此他们的作品具有建安文学的共同特征,既反映动乱的现实,又表现了建功立业的精神。

曹操　　　　　　　　　曹丕　　　　　　　　　　曹植

王粲是"七子"中成就最高的作家,他能诗善赋,诗作以《七哀诗》最为有名。诗中通过对避乱途中"出门无所见,白骨蔽平原"的概括描写和"路有饥妇人,抱子弃草间"的特写场面,深刻地揭示了当时军阀混战所造成的凄惨景象和人民所遭受的深重灾难,使人触目惊心。

与"七子"相颉颃并以才华著称的是当时的女作家蔡琰,即蔡文姬。现存的五言诗《悲愤诗》、骚体诗《悲愤诗》和《胡笳十八拍》都是其自传性作品。

（3）阮籍、嵇康

继建安之后的正始文学,在文学史上也有很大的贡献。正始文学的代表人物是阮籍和嵇康,与当时兴起的玄学思潮相比,他们的作品有浓厚的老庄思想。

（4）陶渊明

陶渊明（约365—427）,名潜,南北朝时期最有影响、成就最大的诗人。现存诗120多首,散文6篇,辞赋3篇。陶渊明的全部诗文都展现出一种平常而有深度、有魅力的人生境界。他的诗品与人品对后世文人影响极大,如唐代的王孟、韦柳、李杜、白居易都不同程度地受到了他的影响,陶渊明称得上是唐诗的先驱性人物。陶渊明的诗分为两大类,一类是咏怀言志之作,如《杂诗》《咏荆轲》;另一类是田园诗,如《归园田居》《读山海经》《饮酒》等。田园诗是陶渊明对中国诗歌的最大贡献,自陶渊明后,田园诗不断发展,到唐代形成了影响很大的山水诗派,宋代以后描写田园生活的诗人就更多了。陶渊明在艺术上的造诣主要表现在两个方面。一是诗歌内容平淡自然、贴近

陶渊明

生活,富于真情实感,是平常与醇厚的统一。诗人惯用白描的手法,以日常生活的语言和朴质自然的笔调来精练地勾勒对象,明白如话。二是诗歌浑融完整,意境高远。诗人善于创造意境,使自然景物渗透着主观感情色彩,情景交融,浑然一体,令人回味无穷。

5. 南北朝乐府民歌

南北朝乐府民歌是继周代民歌和汉乐府民歌之后以比较集中的方式出现的又一批民间口头创作,是我国诗歌史上新的发展,不仅反映了社会现实,而且创造了新的艺术形式和风格。一般来说,南北朝乐府民歌篇幅短小,抒情多于叙事。其中,南朝民歌以《清商曲辞》中的"吴声歌"和"西曲歌"为主,前者共计326首,后者共计142首。它们有一个共同点,就是几乎全部都是情歌。

在艺术形式方面,南朝民歌有三个特点:第一,体裁短小,多是五言四句;第二,语言清新自然;第三,广泛使用双关语。

北朝民歌以《乐府诗集》所载"梁鼓角横吹曲"为主,基本上都是鲜卑族和其他北方少数民族的民间创作作品。北朝民歌的内容主要分四部分,一是反映战争;二是反映百姓疾苦;三是反映北方各民族的尚武精神;四是反映爱情生活。

北朝民歌不仅内容丰富,在艺术上也有其独创性。它的语言质朴无华,表情坦率真诚,风格豪放刚健。这些特点与南朝民歌形成了鲜明的对比。北朝民歌的代表作是《木兰诗》,《木兰诗》和汉乐府诗《孔雀东南飞》合称"乐府双璧"。

花木兰

6. 唐代诗歌

中国是一个诗的国度,而唐代是诗歌最为辉煌的高峰时期。唐代诗人之众和作品之多,都超过了以往各代。仅《全唐诗》所录,就有 2 300 多人,流传至今的诗歌有 55 000 多首。其中,有数以千计的名篇妇孺皆知。唐代,五七言诗经过了长期的发展,在题材走向、格律形式、艺术手段、风格倾向等各个方面都取得了巨大的成就,诗人不计其数。这一时期的李白、杜甫、白居易被并称为"诗国华岳三峰"。诗歌发展在唐代经历了初唐、盛唐、中唐和晚唐四个时期,其中盛唐的诗歌成就尤为辉煌。

（1）初唐时期

初唐时期的诗人代表是在诗歌史上被称为"初唐四杰"的王勃、杨炯、卢照邻和骆宾王。初唐诗作中值得一提的是有"以孤篇压全唐"之誉的《春江花月夜》,作者是张若虚。张若虚的《春江花月夜》独立华表,清末学者王闿运评价其"孤篇横绝,竟为大家"。初唐诗人除上述几位外,著名的还有沈佺期、宋之问、刘希夷、王绩、陈子昂等。

王勃　　　　　　杨炯　　　　　　卢照邻　　　　　　骆宾王

（2）盛唐时期

盛唐时期是指唐代开元、天宝年间。这一时期,经济繁荣,国力强盛,唐诗也出现了全面繁荣的局面。这一时期,李白、杜甫固然是诗歌领域杰出的代表,但"李杜文章千古传,至今已觉不新鲜"。除李杜之外,成就较高的还有以孟浩然、王维为代表的山水田园诗人和以高适、岑参为代表的边塞诗人。

①李白（701—762）,字太白,祖籍陇西成纪（今甘肃天水）,出生于绵州昌隆（今四川江油）。

李白是唐代最杰出的浪漫主义诗人,他志向高远,现

李白

实的不公使他不甘心侍奉权贵,因而茫然失路。李白一生浪游祖国名山大川,喜爱奇丽的大山、江河和瀑布,留下了900多首诗篇,著名的有《古风》《蜀道难》《梦游天姥吟留别》《丁都护歌》《将进酒》《望天门山》《早发白帝城》等。李白的诗具有反叛传统的精神,形成了对传统美学规范的强大冲击,这也是李白诗歌令人无法抗拒的魅力所在。

②杜甫(712—770),字子美,原籍襄阳,后迁居巩县(今河南),是杜审言之孙。杜甫与李白齐名,是唐代现实主义诗人,被后人称为"诗圣"。

杜甫

杜甫生活在唐帝国由盛而衰的急剧转变时代,经历了开元盛世、天宝之乱和乱后的动荡时期。杜甫的诗能够以清醒的洞察力和入世精神反映社会现实,描绘了安史之乱前后的生动历史画卷,因而被称作"诗史"。杜甫的代表作有《丽人行》《自京赴奉先县咏怀五百字》《春望》等。杜诗有的气魄雄浑,有的沉郁顿挫,有的欣喜若狂,语气都很锤炼、凝重,表现出了高超的艺术技巧。

③孟浩然(689—740),襄阳(今湖北襄樊)人。孟浩然以清新秀丽的语言描绘宁静的田园和优美的山水,写农家生活,简朴而亲切;写故人,情谊淳淡而深厚;写自然景色,空灵而美丽。其代表作品有《夜归鹿门歌》《过故人庄》等。

④王维(701—761),字摩诘,太原祁(今山西祁县)人。以四十岁为界,王维的诗分为前后两期,其风格和内容有很大不同。前期有一些关于游侠、边塞的诗篇,表现了那个时代人们的英雄气概和爱国热情;而后期的诗,主要写诗人隐居终南、辋川富有闲情逸致的田园生活,且这一时期诗的成就较大。

孟浩然

王维

⑤高适（700—765），字达夫，渤海蓨（今河北沧州）人，早年贫寒，有《高常侍集》。他的边塞诗多以抒发安边定远的理想，歌颂将士的忠勇和牺牲为主。诗中谴责不义战争带给人民的苦难，反映阶级矛盾，表达了作者对士卒和人民的同情。

他的诗慷慨激昂、豪放悲壮，形成了其边塞诗的特色。如《燕歌行》写的是大将破敌立功、誓死为国的情况，其中写道："汉家烟尘在东北，汉将辞家破残贼。……战士军前半死生，美人帐下犹歌舞。……君不见沙场征战苦，至今犹忆李将军。"

⑥岑参（715—769），南阳（今属河南）人。他的边塞诗描绘了神奇的西部地区的异域风光、习俗及作者的内在精神，在写景、状物、叙事、抒情方面颇多奇趣。岑参的代表作品有《走马川行奉送出师西征》《轮台歌奉送封大夫出师西征》和《白雪歌送武判官归京》。

（3）中唐时期

中唐时期，诗坛有两个主要流派。一个是以白居易为首的"新乐府"诗派（现实主义流派），他们的诗表现了正视现实、抨击黑暗的精神，语言通俗流畅、平易近人。

白居易（772—846），字乐天，晚年时居于香山，自号香山居士，他是继杜甫之后杰出的现实主义诗人。他的《轻肥》《赋得古草原送别》《卖炭翁》《长恨歌》《琵琶行》等都是有名的诗篇，其中最优秀的作品是长诗《长恨歌》和《琵琶行》。

《长恨歌》形象地叙述了唐玄宗和杨贵妃的爱悲剧，旨在讽刺当时和以后的统治者应以玄宗为戒，不要因"重色"而荒淫误国，给自己造成"长恨"的局面。诗的前半部分写唐明皇的荒淫误国，后半部分写"长恨"本身。

白居易

中唐时期诗坛的另一个流派是以韩愈为首的，包括贾岛、孟郊、柳宗元、李贺等人在内的"韩孟诗派"。他们的诗刻意求新，风格各异，其中尤以韩愈的诗别开蹊径。

柳宗元的诗清峭深远，如《江雪》一诗："千山鸟飞绝，万径人踪灭，孤舟蓑笠翁，独钓寒江雪。"刘禹锡的诗比较通俗易懂，并学习民了歌的成就，如《乌衣巷》。

李贺的诗富有浪漫主义色彩，如"黑云压城城欲摧"（《雁门太守行》）、"天若有情天亦老"（《金铜仙人辞汉歌》）等。

（4）晚唐

晚唐诗人有杜牧、李商隐、皮日休等。其中，杜牧、李商隐被称为"小李杜"。杜牧的诗句清新俊逸，其诗作《江南春》《泊秦淮》等深受后人喜爱。

二、词

1. 词的起源

词是一种音乐文学,是与乐器相配合的歌辞。在词的初期,歌辞依附于乐曲,所以词被称为"曲词"或"曲子词"。"曲"指的是音乐,"词"指的是与音乐相配套的文辞。

词与诗相比,因其长短不齐,所以也被称为长短句。关于词的产生,较普遍的看法是,词是以"倚声填词"的方式创作出来的,用以配合隋唐时期燕乐曲调的歌唱,长短句式为其主要形体特征。

词按音乐的不同,可分为令、引、近、慢数种,其区别在于音乐曲式及节拍长短的不同。

2. 从民间走向文坛的唐五代词

（1）敦煌词

清朝光绪二十六年（1900 年）,郭煌鸣沙山藏经洞因为偶然的机遇被打开,令千年以前的四万珍贵文献重见天日。在这些珍贵的文献中,人们发现了许多歌辞作品,后称之为"郭煌曲子词"。这种词以民间词为主体,产生于唐五代时期。这一发现填补了词史的空白。

（2）唐代文人词

唐代是曲子词孕育、诞生和初步定型的时期,一方面民间词在茶楼酒馆蓬勃兴起；另一方面,文人开始尝试填词。唐代文人词分为三个阶段。

第一阶段,初唐、盛唐时期的词。此时歌词所配之乐尚不稳定,燕乐与其他音乐因素正相互交融,诗和词的界限尚不分明,词主要以齐言为主。

第二阶段,中唐时期,倚声填词渐成风气。然而中唐词人所填之词,无论是其所依配的曲调,还是表现出来的风格气质,都与乐府诗歌或民歌相似,而与本色当行的词体有所区别,后人往往视之为诗。

第三阶段,晚唐时期,词体初步成熟,可以温庭筠、皇甫松、杜牧等人为标志。他们的词作大多收在《花间集》中。

（3）南唐词

南唐词是词的深化和转折点,冯延巳和李煜是此时词作者的代表。

李煜,本名从嘉,字重光,号钟隐、白莲居士,为南唐元宗李璟第六子,建隆二年（961年）嗣位,在位 15 年。开宝八年（975 年）,宋军攻破金陵,李煜肉袒出降,从宋军北上汴梁,被封为违命侯。太平兴国三年（978 年）七月七日,李煜服太宗所赐牵机药（断肠草）而死,史称南唐后主、李后主。

李煜词以降宋为界，分为明显的前后两个时期。前期的李煜是一个昏庸荒唐的国君，生活奢侈荒淫，常于宫中纵情声色，通宵达旦，此时的词多描写宫中生活。后期他沦为阶下囚，"终日以泪洗面"，经常沉湎于感怀身世的悲情之中，词中多故国之思，这一时期的词艺术价值较高。李煜最大的一个特点就是感情真实，毫无造作之嫌。

（4）宋词

词真正成为一代文学之胜，并在古代诗歌史上堪与唐诗交相辉映的时期是在宋代。

宋代词人李清照、柳永等写词的内容侧重儿女风情，结构深细慎密、语言圆润，清新绮丽，具有一种柔婉之美；同时宋代几乎与外患相始终，这成为词人咏叹的又一主题。在这种大背景下，前者形成了婉约词派，后者形成了豪放词派。

①婉约词派。

北宋词坛几乎由婉约派词人一统天下。他们写小境界，写离愁别绪，充满柔靡之风。在北宋词坛上，晏殊、欧阳修等人的词反映了士大夫的雅致生活，女词人李清照及姜夔、吴文英分别以清新、清空和深密的艺术风格丰富了婉约派的词风。

李清照（1048—1155），号易安居士，济南章丘人，是"南渡词人"中最有成就的一位。

李清照

李清照的词以"靖康之难"为界，分为前后两期。前期，她生活在少女、少妇的温馨和美而又充满诗情画意的氛围中，其词景物雅致，意象清疏，于淡淡的清愁中时时透出闺中的温馨惬意。题材集中写自然风光和离别相思，她的词虽多是描写寂寞的生活，抒发忧郁的感情，但从中往往可以看到她对大自然的热爱和她对美好爱情生活的追求。

李清照南渡后的词和前期迥然不同。国破家亡后政治上的风险和其个人生活的种种悲惨遭遇,使其精神很痛苦,因而其词作也一变早年的清丽、明快,充满了凄凉、低沉之音,主要是抒发伤时念旧和怀乡悼亡的情感,词风由清丽淡雅变为沉郁哀痛。

在流离生活中,她常常思念中原故乡,如《菩萨蛮》中的"故乡何处是,忘了除非醉",流露出她对失陷了的北方的深切怀恋。她更留恋已往的生活,在词中充分表达了自己在孤独生活中的浓重哀愁。例如,她在《武陵春》中发出"物是人非事事休"的感慨;在《声声慢》通过写"寻寻觅觅,冷冷清清,凄凄惨惨戚戚"的处境,表达了自己难以克制、无法形容的"愁"。这些都是在国破家亡、孤苦凄惨的生活基础上产生的,所以她的这部分词作是对那个时代的苦难和个人不幸命运的艺术概括。总的看来,婉约派的词人写的都是自我情愁,但他们也能够从个人情感中写出一种普遍的人生境界,打动人心,被后人传诵。

②豪放词派。

豪放词派兴起比较晚,代表人物有苏轼、辛弃疾。

苏轼(1037—1101),宋代文学家、书画家,字子瞻,一字和仲,号东坡居士,生活于北宋中期,是眉州眉山(今属四川)人。苏轼幼年承受家教,深受其父苏洵的熏陶,其母程氏也曾"亲授以书"。既长,"学通经史,属文日数千言"(苏辙《东坡先生墓志铭》)。

在北宋词坛上,苏轼突破词必香软的樊篱,创作了一批风貌一新的词章,为词体的长足发展拓宽了道路。从现存的300多首东坡词来看,苏轼对词体的革新是多方面的。苏轼扩大了词反映社会生活的功能,他不仅用词写爱情、离别、旅况等传统题材,还用词抒写报国壮志、农村生活、贬居生涯等,扩大了词境,他以健笔刻画英气勃勃的人物形象,来寄托立功报国的壮志豪情,如《江城子·密州出猎》等篇。

苏轼

苏词具有鲜明的理想色彩。有些作品浮想联翩,逸兴遄飞,如《水调歌头·明月几时有》,写作者幻想乘风登月又不甘心天阙的清寂。苏轼更重视词的文学生命,他重视音律,但不拘泥于音律。

苏轼词风呈现多样化的特点,除"大江东去"一类的壮丽词外,苏轼的作品,或清旷奇逸,或清新隽秀,或婉媚缠绵,都各具风韵。如《江城子》悼念亡妻,一往情深;《水龙吟》

咏唱杨花,幽怨缠绵。

辛弃疾（1140—1207），南宋词人,原字坦夫,改字幼安,别号稼轩居士,历城（今属山东济南）人。

辛弃疾在用武无地、报国无路、恢复无望的情况下,将其全部精力与才情用于填词。他对于词的艺术世界进行了多方探索,成为南宋最杰出的词人之一。据唐圭璋所编的《全宋词》及孔凡礼的《全宋词补辑》统计,辛弃疾存词629首,在宋人词集中词作最丰富。

除抗战词与闲适词外,辛弃疾还有一部分农村词与爱情词。辛弃疾的农村词描绘了江南农村清新秀美的自然景象和劳动人民淳朴勤劳的风俗习尚,充满浓烈的乡土气息,同时也寄寓着他的美好愿望和理想。

辛弃疾

辛弃疾在艺术上的造诣,使其词形成了独特的风格,产生了"稼轩体"。"稼轩体",既增强了词的体质,又不变其"本色",使辛弃疾在南宋词坛上独树一帜。当然,辛弃疾的艺术创造也难免产生某些流弊。他的作品,有的议论化、散文化,缺乏具体形象;有的堆砌典故,有"掉书袋"之嫌。但是,从整体看,辛弃疾对词的进一步开拓以及其对词的艺术表现所做的贡献,都是有大功于词苑的。在南宋词坛上,成就最高、影响最大的词人就是辛弃疾。

在宋词中,可以看到不同于诗的另一种境界——尖新细窄。题材上,注重个人的情感而不是社会现实;在表现功能上,长于抒情而短于叙事;在风格上,偏重阴柔而不是阳刚（在这一点上,豪放派不占优势）。宋词更亲切、细腻地表现出人的各种心情和意境。

（5）元明词

元代时上承两宋的余绪,虽成就难以继盛,但也出现了许多词人,其中不乏名篇佳作。元词的创作可分为两个阶段。第一个阶段包括出生于元一统前的蒙古时期词人的创作,此阶段的词人有元好问、陆文圭、张之翰、刘敏中等,由于他们大多有着亡国和战乱的经历,所以他们的词中最有价值的部分是抒写怀念故国的黍离之悲,表现由人世变迁引起的荆棘铜驼之感。第二阶段包括出生于元一统之后到元亡之前的词人的词作,此阶段的词人有虞集、王旭、张雨、萨都剌、张翥等,他们大抵出生于忽必烈改元之后,没有经历过大的战乱,议论行藏出处和企慕半隐半俗的生活是他们词作的主要内容。此外,元词中还有相当数量的道士词,约占总数的七分之一。这与金元时期新道教的隐修会性质及道士大多与知识分子联系密切相关,这些词的成就也不高。总的看来,元词思想艺术俱臻上乘的数量很少,整个创作局面呈现衰微之状。

明代词依然处于衰微之中。但是,词坛上出现了有一定影响力的词人,留下了一些较好的作品。明初,刘基、杨基、高启等人在政治上遭受挫折,所作的词自成家数,各具特色,尚存宋元遗风。明中叶后,词风日下,杨慎、王世贞、汤显祖等多人创作,却都不是当行词家。杨慎等人的创作,与乐章多有不谐,实际上已将明词引上了歧途,此时,词的创作已渐凋敝。到了明末,由于社会发生变革,才给词的创作带来一线生机。陈子龙、夏完淳在抗清中以身殉国,陈子龙的词托体骚辨、寓意甚深,早期词风流绚丽,婀娜韶秀出于刚健之中;后期词绵邈凄恻,神韵天然又有不尽风味。他扭转了元明时代已近凋亡的词,可算是明词的大家。

（6）清词

词经历元、明的衰落后,到清代又重新繁荣,这种变化与时代风气的变化密切相关。在传统习惯上,词和散曲相比诗而言都较为轻松,贴近日常生活和鲜活的情感。而词与散曲相比,又显得雅一些。散曲的语言以尖新、浅俗、活泼为胜,接近口语。元、明词衰,实际是散曲取代了词的结果。但对于性情收敛、爱好雅致趣味的清代文人来说,散曲的语言风格又显得不太合适。另外,清诗虽然多种风格并存,但从清初开始,重学问和理智化的趋势就很明显。这也造成诗在抒情功能上存在缺陷,需要从其他文体中得到弥补,而词的兴盛正是对诗的弥补。清初主要的词人中,汉族的有陈维崧、朱彝尊等,满族词人以纳兰性德最为有名。

纳兰性德

三、散文

1.散文的发展历程

《尚书》标志着散文的形成。《尚书》是古代文献总集,是文章的源头,其中有些篇章富有文学色彩,如《盘庚》记述了商王盘庚迁殷的过程。

春秋战国时期,出现了带有文学色彩的散文。历史散文如《左传》《战国策》,诸子散文如《孟子》《论语》《庄子》。

秦汉以后的散文在形式上发展为古文和骈文两大类。古文以散行的单句为主,如《史记》中的《廉颇蔺相如列传》《陈涉世家》都是优秀的散文。骈文以骈偶的字句为主，又称汉赋，这类作品很多，如贾谊的《吊屈原赋》、枚乘的《七发》、班固的《两都赋》、张衡的《二京赋》《归田赋》、赵壹的《刺世疾邪赋》。

魏晋六朝的散文也是骈文占据文坛主导地位，如陶渊明的《闲情赋》、曹植《洛神赋》。

唐代自中唐古文运动兴起后出现了大量以古文撰写的散文。如韩愈的代表作是《师说》，柳宗元代表作是《段太尉逸事状》《捕蛇者说》《永州八记》等。

宋代的散文文风平易，长于议论。如欧阳修的《醉翁亭记·秋声赋》、苏轼的《石钟山记》《赤壁赋》。

明清两代仍有不少散文家写了不少古文体散文，但其成就远未超过唐宋。

2. 散文的成就

（1）先秦散文

先秦散文包括历史散文和诸子散文两大类。

历史散文主要是指春秋末期的史书。历史散文主要有《易经》《尚书》《国语》，编年体的《左传》，国别体的《战国策》，专记个人言行的《晏子春秋》，等等。其中《左传》在先秦历史散文中的文学价值最高。

《左传》中的文章，结构严谨，语言传神，形象生动，堪称叙事文学中的杰作。它不仅叙写了春秋时期宏阔的社会图景，而且在记言记事方面表现出极高的艺术成就。

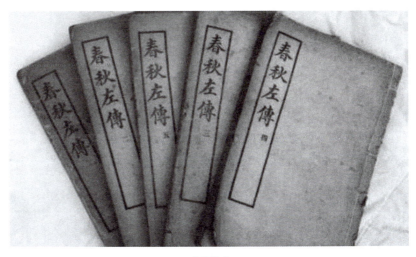

《左传》

《战国策》既是一部杰出的历史著作，又是一部优秀的散文汇编。它生动地反映了战

117

国时期尖锐的斗争形势和错综复杂的社会矛盾,思想内容较为驳杂,儒、墨、道、法、兵各家都有所反映,但基本内容是战国时代谋臣策士纵横捭阖的斗争及其谋议或辞说。《战国策》中的观念与儒家观念截然不同,属于"离经叛道",因此在儒家思想一统天下的中国封建时代屡遭责难。

《战国策》

先秦散文中的另一大类是诸子散文。春秋末年,诸子蜂起,百家争鸣,产生了以"论说"为主的哲理性散文。这个时期的主要作品有《论语》《孟子》《老子》《墨子》《庄子》《荀子》《韩非子》等。

《论语》主要记录了孔子及其弟子的言行。《论语》主要有三个特点。一是属于语录体散文,主要是记言。书中的文字,虽然大多是三言两语,各自独立,不相连贯,但其论及社会、人生的道理,言简意赅,思想深刻。二是在描写人物的对话和行动中真实、自然地展示了人物的形象。三是全书浅显易懂,接近口语,尤其是一些哲理性很强的语句流传至今。

《论语·先进篇》

《孟子》由孟轲及其门人所作,其中心思想是"仁义",《孟子》主张行"仁政"而王天下。《孟子》虽然基本上也是语录体,但已向对话体、论辩体过渡。《孟子》散文的特点也可以从三个方面论述。其一,文章不仅清畅流利,而且气势充沛,感情强烈,笔带锋芒,富于鼓动性,体现了纵横家、雄辩家的气概,充分反映了战国时期尖锐激烈的阶级斗争。其二,善用技巧,引人入彀,先纵后擒,使人无法躲避。其三,文章中常用比喻、寓言来陈说事理、辩论是非,既能吸引人们的注意,又增强了说服力。

《老子》,又称《道德经》,由老子所著。老子(前571—前471),姓李名耳,字聃,生于周朝春秋时期陈国苦县。《老子》五千言,文约而意丰。其文谈玄论道,意蕴深邃,具有较为完整的思想体系。老子认为"道"是天地万物的本源,是万事万物存在与变化的普遍原则和根本规律。《老子》散文的艺术特色主要表现为三个方面。其一是韵散结合的特殊文体。其押韵无一定格式,多随文成韵,不拘字数,较为自由。其二是运用寓理于形的表现手法。文中以人所共知的某些具体事物为喻。其三是语言凝练精妙,多用格言、警句。

孟子

老子

《庄子》是战国时期庄周的作品,是先秦文学中成就最高的散文。庄周(前369—前286),宋之蒙(今河南商丘)人。"周尝为蒙漆园吏,与梁惠王、齐宣王同时。"庄周虽家境贫寒,住陋巷,织草鞋,但他却淡泊名利。《庄子》一书是先秦散文中最富有文学色彩和艺术气息的作品,就学术渊源而论,庄子的思想与老子一脉相承,但无论在哲学观、政治观还是人生观方面,庄子都有自己鲜明的特征。《庄子》主张摆脱功名利禄和权势尊位的束缚,使精神得到彻底解放。在人生观上,《庄子》追求绝对的精神自由和对现实社会的超脱。

《庄子》一书的艺术特点非常鲜明,把深刻的哲理形象地寄于扑朔迷离、真伪莫辩的虚妄情节中,在一种超现实的氛围中巧妙地表现了作者的真实思想。作者通过奇幻的想象,用数以百计的寓言故事使一切东西都会说话、会辩论、会讲道理,把逻辑性的东西变成了生动的形象。《庄子》一书的浪漫主义思想对后人影响较大。

《荀子》《韩非子》为专题论著式的著作。

《荀子》由荀子所著。荀子(前298—238),名况,时人尊号为"卿",故又称荀卿,战国末期赵国人。其一生行事类乎孔孟，始则治学，继则周游、出仕，终则讲学著书，是先秦诸子中最后一位学术上有成就的儒学大师，被称为"孙氏之儒"。荀子主张"明于天之分"，进而提出了"制天命而用之"的新观点。他的"性恶论"与孟子的"性善论"针锋相对。荀子的文学成就，其一，《荀子》一书大都是长篇大论，往往发挥尽致，畅所欲言，而且论点明确，句法整练；艺术上比喻层出，辞采缤纷；通篇用排偶句法，令人目不暇接，这构成了荀子散文的主要特点。其二，多用比喻而不用寓言，使文典重淳厚、圆熟老练，和先秦前期的诸文有很大不同。

《韩非子》为战国后期法家韩非所作。韩非（约前 280—233），任法度而尚功利，排斥仁爱。其文章多属政论，但体式多样，不一而足。韩非写文特擅驳论，其锋芒锐利，议论透辟，推证事理，切中要害。其文章为后世写作驳论文提供了经验，《五蠹》《说难》为其代表作。《韩非子》的突出特点是寓言荟萃，书中共用寓言故事 300 多则，是其宣扬法家思想的锐利武器。

庄子　　　　　　　　　荀子　　　　　　　　　韩非子

（2）汉赋

汉赋，是汉代特有的文学形式。赋是一种兼有散文和韵文特点的文学形式。在写法上，它韵散结合，往往以华丽的词藻、夸张的手法及设为问答的形式卖弄文采。

汉赋的主要特点：一是散韵结合；二是不歌而诵；三是专事铺排；四是极尽夸张。

汉赋的写作内容多夸耀王朝的盛况和声威，对统治者歌功颂德。赋由战国时的游说之辞和楚辞脱胎而来，到汉代达到鼎盛。

汉赋按篇幅可分为两大类。一类是抒情述志的"短赋"，如贾谊的《吊屈原赋》，主要表现作者对自身遭遇的感慨。

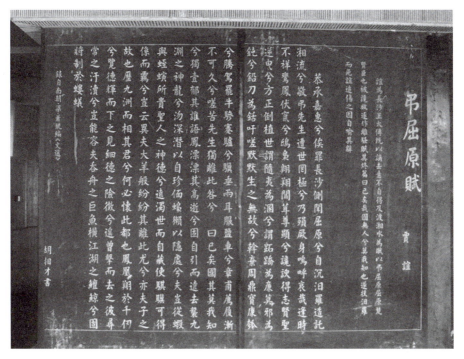

《吊屈原赋》

另一类是以铺陈排比为主要手法的"大赋"。这类赋多用对偶和排比句,词藻华丽,韵散结合,形式上多为一问一答。

汉赋有很深的文化意蕴。虽然汉大赋过于堆彻铺陈,显得呆板,缺少情感,以致在文学界有人说读汉大赋味同嚼蜡,和类书字典差不多。但是其对大汉帝国天上人间各种事物的描写,却能够折射出汉帝国所具有的繁荣、活力和自信。汉大赋的恢宏气度正是自强不息的民族性格和积极乐观的时代精神的艺术体现。

四、小说

1. 魏晋小说

中国叙事文学的源头可推至上古神话传说和先秦散文中的叙事片断以及汉史传作品,但真正的文学创作始于魏晋小说。

魏晋六朝小说被分为志怪和志人两类,是以当时的两种创作倾向为基础的。志怪多以"怪""异"为书名,志人多以"说""语"为书名,所以"志人"小说又被称为"世说体"。文学史上一般认为,六朝是中国文言小说的正式开始时期。六朝小说总的特征是驳杂而琐碎,性格、人品、情趣不同甚至完全相反的人物都可以在小说里得到表现。小说中的人物既可以忧患时事,也可以高蹈避世;既可以津津乐道人的外貌、仪表、风度、才智、德行,以及沉湎于酒的刺激所带来的兴奋,也可以对鬼神怪异抱有浓厚的兴趣。小说在形式上,既有简单的记载，又有曲折的故事；从内容上，则更加注重表现现实生活中人物的人生。也可以说，在儒、道、佛三教相互激荡的魏晋时代，六朝小说是个人性格、思想和行为方式多样化的产物。

（1）志怪小说

六朝小说所"志"之"怪"，大体包括物魅、鬼魂、神仙和异人几种类型。这些类型以其神秘的性质或力量区别于现实中的人，因而使人感到怪异。其中年代较早的作品是《列异传》，最具有代表性的作品是《搜神记》。

《搜神记》

《搜神记》的作者干宝，字令升，新蔡（今属河南）人，生活于西晋末、东晋初（317年）前后。

志怪小说根据内容可分为三类：第一类是故事性的作品，如《丁姑祠》《三王墓》等；第二类是人仙结合类的作品，如《弦超》《董永》《园客》等；第三类是冥婚类的作品，如《紫玉》《崔少府墓》《驸马都尉》等。

（2）志人小说

志人小说是指产生于六朝时期与志怪小说相对而言的一种文学类型，又因为其所记之事都是历史上实有人物的轶闻逸事，所以又被称为"轶事小说"。较早的志人小说有东晋时期裴启的《语林》、袁宏的《名士传》、佚名的《文士传》、郭澄之的《郭子》等，这些书早已亡佚。最有代表性且保存最完整的志人小说是刘义庆的《世说新语》。

《世说新语》

2. 唐代传奇

唐朝的叙事文学在情节、结构、人物描写方面都已达到了一定高度,内容已非常复杂。唐代传奇作品讽刺了当时热衷功名的士人,同时也宣扬了"人生如梦"的思想。唐传奇的出现标志着文言小说的成熟。六朝小说以若干条目合成一个集子才有一个书名,而唐传奇则每篇都有一个题目,以"传"或"记"命名,因而不可能与其他杂记片断混淆。唐传奇的发展初期大体上相当于历史上的初唐、盛唐时期,其最明显的特征是叙述者丝毫不掩饰自己的存在。因此,唐传奇在中国文学史上第一次造就了与众不同的、小说化的文体形式。

唐代传奇的发展主要经历了两个阶段。第一阶段,从隋末唐初至开元、天宝以前,此阶段传奇数量不多,较早的有《古镜记》《白猿传》《游仙窟》《梁四公记》等。第二阶段,即唐传奇的繁荣期是在开宝之后,大约公元8世纪以后的100多年间。根据题材性质及表达方式的不同,这一时期的传奇大体上可分为以下几种类型。

恋情故事:人与非人之恋,如《离魂记》;士妓之恋,如《李娃传》;才子佳人之恋,如《莺莺传》。

梦幻故事:理想之梦,如《秦多记》;反讽之梦,如《枕中记》。

逸史故事:如《长恨歌传》。

侠义故事:如《虬髯客传》。

怪异故事:如《玄怪录》。

3. 宋代话本

宋代话本的兴盛标志着叙事文学进入了一个新阶段。

北宋后期,随着城市商品经济的发展,市民阶层兴起,且市民对文化娱乐的要求在不断提高。两宋京城涌现了许多市民进行技艺表演的活动场所,即"瓦舍勾栏"。各色艺人在这些场所中靠演艺为生,其中就有以"说话"(即讲演故事)为职业的一种"小说家"。"小说家"说话的文本叫作"话本","话本"就是民间"说话"艺人讲故事所用的底本。话本大致分"小说""讲史""说经""合生"四类。其中的"小说"一般为白话短篇,多为爱情和公案题材。

宋代话本从篇幅上看,分短篇小说和长篇讲史两种。前者多以城市下层平民为正面主人公,反映他们的生活,赞颂他们的品德;后者大多依据历史,讲说历史兴废之事(类似于今天的说书、评书)。

话本是面对听众讲述的底本,内容用接近口语的白话写成,通俗易懂;艺术上能细致地刻画人物,全面展开情节,讲唱结合地安排结构。宋代话本突破了六朝小说和唐代传奇描写社会上层或非现实情节的局限,把作品接受对象扩大到社会各阶层,在小说史上占有重要地位,是古代文化的典型代表。宋代话本代表作有《京本通俗小说》《清平山堂话本》《李师师外传》《五代史平话》《宣和遗事》。

宋元话本包括的内容主要有四个方面,即婚姻爱情类、讼狱公案类、神怪灵异类、人物佚事类。其中,前三类的数量最多,影响也最大。爱情婚姻类的作品,大都是写普通市民的生死之恋,与唐代传奇中的士妓之恋或人鬼之恋有很大的不同,体现了鲜明的市民文化色彩。爱情婚姻类话本的代表作是《碾玉观音》;狱讼公案类话本的代表作是《错斩崔宁》;神怪灵异类话本的代表作是《西山一窟鬼》;人物佚事类的代表作是《汪信之一死救全家》。

4. 明代话本

明代最流行的话本是"三言""二拍",这是明代人辑录的宋代话本及拟话本集的总称。"三言""二拍"都是中短篇小说。

"三言"指《喻世明言》《警世通言》《醒世恒言》,为明代冯梦龙所编,共收话本 120篇。"二拍"为《初刻拍案传奇》和《二刻拍案传奇》,由明末凌梦初编著,共 80篇。内有一篇重复,一篇杂剧。后来又有抱翁老人根据"三言""二拍"重新选录,编著《今古奇观》。

（1）冯梦龙及"三言"

冯梦龙（1574—1646），字犹龙，又字子龙，长洲（今江苏苏州）人。

冯梦龙博学多才，诗词歌赋、小说戏曲、丹青绘画，无不精通。冯梦龙是通俗文学的集大成者，经其创作、纂辑、改编或增补的戏曲、散曲、小说等作品有近80种，现存30余种。其中最有价值的是"三言"。

（2）凌濛初及"二拍"

凌濛初（1580—1644），字玄房，号初成，别号即空观主人，乌程（今浙江吴兴）人，出身官宦世家。

凌濛初一生所作和评点刊刻的书籍很多，通俗文学著作已知的就有20种。其中，最有影响力的是小说和戏曲，小说最著名的是话本，即"二拍"。

冯梦龙

凌濛初

（3）"三言二拍"所反映的明代社会

第一，揭露了明代社会的黑暗现象，如《沈小霞相会出师表》（选自《喻世明言》），反映了沈炼之忠、贾石之义和闻淑女之智。

第二，反映宗法伦理家族中的矛盾斗争，如《迟取券毛烈赖原钱》（选自《二刻拍案惊奇》）、《滕大尹鬼断家私》（选自《喻世明言》）。

第三，爱情婚姻主题有了新发展，如《杜十娘怒沉百宝箱》（选自《警世通言》）、《金玉奴棒打薄情郎》（选自《喻世明言》）。

第四，是明代商业活动的再现，如《蒋兴哥重会珍珠衫》《施润泽滩阙遇友》（选自《醒世恒言》）。

第五，神仙怪异题材有了新内容，如《灌园叟晚逢仙女》（选自《醒杨恒言》）、《叠居奇程客得助》(选自《二刻拍案惊奇》)。

5. 明清章回小说

中国的小说历经魏晋志怪、秩事小说,唐代传奇小说和宋元话本小说之后,到明清两代臻于极盛,最为著名的是被称为明代"四大奇书"的《三国演义》《水浒传》《西游记》《金瓶梅》和清代长篇小说中的"双璧"《儒林外史》《红楼梦》。

（1）罗贯中与《三国演义》

《三国演义》(全名《三国志通俗演义》),是根据陈寿的史书《三国志》及裴松的注释"七实三虚"演绎而成。《三国演义》是历史小说,不是通俗历史,是以塑造人物形象为中心,通过故事情节来反映社会生活的最典型的代表。

全书共 120 回,取材于东汉末年从黄巾起义到魏、蜀、吴三国归晋的一段历史。通过惊心动魄的政治、军事斗争,塑造了一系列鲜明、生动的人物形象。

《三国演义》通过全景式的历史图画,把谋略在政治、军事、外交斗争中的运用展示给了平民百姓。

（2）施耐庵与《水浒传》

施耐庵所著《水浒传》完成于明朝初年,它描写了北宋末年以宋江为首的 108 人聚义反抗官府的故事。108 人虽然出身各异,但他们都因不堪现实的黑暗奋力反抗,聚义梁山。《水浒传》塑造了众多英雄人物,他们个性鲜明。

宋江性格的两面性,正是传统忠义之士两面性的体现,也是传统文化精神两面性的体现。《水浒传》对后世文学,特别是戏曲影响极大,明清两代的许多戏剧皆取材于《水浒传》。

直到现代,仍有许多"水浒戏",如京剧《野猪林》《逼上梁山》。但在明清两代,统治者把《水浒传》看作"海盗"之书。

罗贯中

施耐庵

（3）吴承恩与《西游记》

《西游记》是明代吴承恩所作的神话小说。其内容分两个部分：一是孙悟空出世、学艺及大闹天宫；二是孙悟空与猪八戒、沙和尚保护唐僧西天取经。

吴承恩

《西游记》在中国长篇小说史上，首次突破了忠奸对立的传统二维模式。它的形象体系内部是三维模式：一维是以孙悟空为代表的进步势力，其中包括猪八戒、沙和尚、唐僧和白龙马。他们取经之志皆在追求真谛，造福生灵。二维是保守势力，包括以玉帝为首的"神"，以三清为首的"仙"，以如来为首的"佛"。他们是人间统治者和宗教势力在云汉的真实投影。三维是以妖魔鬼怪为代表的反动势力，包括天上来的"精"、土生土长的"精"、与神仙有瓜葛的"精"，他们横行民间乡里，为所欲为，致使民不聊生。

《西游记》影视剧剧照

（4）兰陵笑笑生与《金瓶梅》

《金瓶梅》成书于明朝万历年间，作者署名"兰陵笑笑生"，是第一部由文人独立创作的长篇小说，是我国第一部以商人家庭生活为题材的长篇小说，描写了西门庆一家平常的家庭生活，包括夫妻、妻妾、主仆之间的种种矛盾斗争以及饮食穿戴，起居游乐等。

在书中，作者成功地塑造了西门庆"害死人还要看出殡"的狠毒和潘金莲的淫荡泼辣，书中还写了应伯爵、吴月娘、李瓶儿、庞春梅、陈经济等一大批奸险小人的寡廉鲜耻、荒淫无度、巧取豪夺、肆无忌惮以及他们相互陷害、勾心斗角、背信弃义的行为。作为一部以家庭生活为题材的文人小说，《金瓶梅》在揭露社会黑暗、揭示人性当中的"恶"的方面具有独特的价值。

（5）吴敬梓与《儒林外史》

清代乾隆年间，吴敬梓的《儒林外史》问世，它旨在批判科举制度和这个制度在知识分子的生活中所产生的极端恶劣的影响。

作品一开始就通过周进、范进中举前后的悲喜剧，揭示了科举制度怎样腐蚀着文人的心灵，以及士子们热心应举的原因。未中之前，因为是穷书生，只好卑躬屈节，受人嘲弄；一旦中举，则众人献媚，平步青云，升官发财，作威作福。儒林中有大量读书人，他们出仕则为贪官污吏，居乡则为土豪劣绅。

吴敬梓

《儒林外史》

《儒林外史》采用画廊的形式，表现了百丑图式的内容。其最突出的成就是讽刺，如范进中举而发疯、严贡生临终前因点两根灯芯而不瞑目，将人物形象刻画得淋漓尽致，入木三分，具有巨大的讽刺力量。因此，《儒林外史》的讽刺艺术达到了前所未有的高峰。

（6）曹雪芹与《红楼梦》

《红楼梦》又名《石头记》，一般认为前 80 回为曹雪芹所作，后 40 回为高鹗所续。

曹雪芹的《红楼梦》作为封建社会的百科全书，是我国古代文学中最优秀的现实主义作品。传统观点认为，《红楼梦》通过贾氏家族的兴衰变化，以及大观园中一大批有情人的叛逆和抗争，揭露了封建制度对人的才情和本性的野蛮束缚及限制。

在封建重压下，宝黛的爱情终以幻灭而告终。除了宝玉和黛玉的形象外，作品还成功地塑造了薛宝钗、凤

曹雪芹

姐、贾政、晴雯、袭人、尤三姐等具有典型意义的形象。

《红楼梦》在批判现实、否定封建价值观念、宣扬个性解放和平等精神、为封建社会末日唱挽歌的同时,描写了一个在封建势力包围下的"有情之天下"的毁灭。这种毁灭揭示了旧制度下各种礼法黑暗、野蛮的本质,同时启发了人们对新的有情世界的向往、呼唤与追求。

《红楼梦》影视剧剧照

《红楼梦》的语言之丰富,是中国古代小说的最高典范。研究《红楼梦》在现在已经成为一门专门的学问,即"红学",全国有几个专门的研究所。《红楼梦》中的菜谱、药物、建筑、对联、书法、绘画均有科学研究价值。《红楼梦》的译本很多,日、美、法文学界都有人专门研究"红学",它已成为世界文化宝库的一颗明珠。

电视剧《红楼梦》中《葬花吟》的歌词"一年三百六十日,风刀霜剑严相逼;明媚鲜妍能几时,一朝飘泊难寻觅"也体现了世态炎凉、人情险恶以及追求富贵功名和情爱的辛酸。

五、戏剧

百戏可以看作是中国戏曲的萌芽,首见于汉代。实际上,在春秋战国时期,百戏已相当盛行,包括杂技、魔术、武术、幻术以及某些民间歌舞、杂戏等等。

汉代张衡的《西京赋》中就有对百戏演出场面的描写,他描写了当时流行的《湘妃怒》的情景:"女娥坐而长歌,声清畅而委婉……度曲未终,云起雪飞,初若飘飘,后遂霏霏",说明了当时的戏曲表演已经相当精湛。

唐代的帝王崇信佛教,允许佛教自由宣传,佛教徒用讲唱的方式对听众宣讲佛理,这就是"变文"。后来,"变文"为文人们所采用,用来讲唱民间传说的故事,像"伍子胥过昭关""昭君出塞"等都是通过这类形式流传下来的。"变文"对后代的弹词和戏曲都有很大的影响。

唐代中叶,在都市繁华和音乐发达的基础上产生了"参军戏"。参军戏是各种技艺(滑稽戏、傀儡戏、皮影戏、歌舞、杂技、武术等)的泛称,与"百戏"意义相近。参军戏有些可作单独节目演出,但只能以第三者的身份以边说边唱边表演的形式来叙述故事。

皮影戏

杂技

宋代的南戏是元杂剧的前身,成就较高。南戏是指流行于我国南方的一种戏曲,为区别北方的杂剧而称为南戏,因起源于浙江温州,又称"温州杂剧"或"永嘉杂剧",当地人称之为"戏文"。

南戏的形成大约是在宋宣和年间。南戏是由温州地方的民间歌舞吸收了宋杂剧和其他民间技艺而成,融歌舞、念白和插科打诨于一体,所用音乐是南曲,已具备了戏曲的主要要素,但是没有角色。宋代南戏传世作品很少,但是宋代南戏中戏曲的形式已初具规模。

金院本是金代的一种戏曲,剧中有各种不同的角色(前代均无),用大曲演唱。剧中模仿表演各种职业的人物,如和尚、秀才、算命看相者、农夫等,反映的生活范围广阔,表演技艺也更加成熟。后来的元杂剧脱胎于金院本。

宋金时清宫调。这是一种大型说唱形式,因歌唱部分由多种宫调不同的曲牌构成而得名。清宫调体制宏大,音乐丰富,又说又唱,标志着我国说唱艺术发展的一个新高度,对后世戏曲、说唱艺术的发展影响较大。

元杂剧是元代文学的精华。元代把戏曲艺术推向了高峰,杂剧臻于完善,呈现空前繁荣的局面。元杂剧是一种以人唱曲为主的戏曲,所用音乐是南曲,其剧词、音乐的结构十分严谨。一本戏通常分为四折,外加"楔子"。这种戏,全剧只是主角一人在唱,其他角色只是说白,可见这是一种由说唱故事转化为扮演故事的戏曲形式。剧中主唱的男主角称"正末",女主角称"正旦"。杂剧的剧目可分为"末本"和"旦本"两种。元杂剧优秀的作家和作品极多,如关汉卿的《窦娥冤》《望江亭》《救风尘》,王实甫的《西厢记》,马致远的《汉宫秋》,白朴的《墙头马上》,郑光祖的《倩女离魂》。这些作家和作品在文学史、戏剧史上的影响很大,有不少作品改编后至今还流传在舞台上。元杂剧的歌唱艺术也有很高的成就,不少知名演员都是出色的歌唱家,如名重一时的珠帘秀、梁园秀、陈婆惜等。元杂剧优秀作家关汉卿可与同时代的英国戏剧家莎士比亚媲美。

131

元杂剧《西厢记》

元杂剧《汉宫秋》

　　到了明代,杂剧逐渐衰退,传奇成为主要的戏曲形式。因传奇盛行于明代与清代前期,所以又称清传奇。相比元杂剧,清传奇篇幅更长,一本戏往往分为十折或数十折,每一折戏曲情节的组织、乐曲的联套布局以及词句四声的和谐、韵脚的流畅等都极为讲究,并且非常重视曲词的可歌性。传奇的代表作品有明代高明的《琵琶记》,汤显祖的《牡丹亭》,清初洪升的《长生殿》,孔尚任的《桃花扇》,等等。

戏剧《牡丹亭》剧照

戏剧《长生殿》剧照

戏剧《桃花扇》剧照

清乾隆五十五年安徽的徽班进京，清嘉庆年间汉调艺人进京，徽调和汉调在京吸收了昆曲、梆子诸腔之长，形成了早期的京剧。因其在京兴起，具有北京语音特点，故名"京剧"。京剧自清代以来剧目已有 3 800 出之多。有的是歌颂民族英雄和民族气节的，如《苏武牧羊》《文天祥》；有的是表现反封建压迫和礼教的，如《打渔杀家》《野猪林》《闹天宫》；有的是歌颂抑恶扬善的，如《铡美案》；有的是歌颂忠贞爱情的，如《孔雀东南飞》；有的是反映历史上的重大事件和英雄人物的，如《完璧归赵》。中华人民共和国成立以来，整理改编的京剧有《将相和》《海瑞罢官》《十五贯》《穆桂英挂帅》等。

京剧《苏武牧羊》剧照

京剧《穆桂英挂帅》剧照

在唱调上,京剧是以七字句或十字句为基本句式的唱词,以西皮、二簧等板腔体为主要腔调。在乐器上,京剧场面用京胡、二胡、月琴、月笛、唢呐等管弦乐和鼓、锣、铙等打击乐器伴奏。在角色上,京剧角色根据男女老少、俊丑、正义与邪恶、文戏与武戏分为"生""旦""净""丑"四大行当。生(男性主角),又分为老生、小生、武生。旦(女性主角),又分为青衣、花旦、武旦、老旦和彩旦等,除老旦和彩旦外,其他都用小噪(假声)唱念。净根据性格和身份,净(脸上涂成五颜六色的次要人物,又名"花脸")可分为正净、副净和武净。丑(扮演的是风趣幽默或阴险狡诈一类的角色)中念做兼唱的为文丑,扮演念和武打的为武丑。丑角好比"味精",起提味作用。

程长庚(右)

在表演手段上，京剧唱、念、做、打、翻五功并重，表情与身段兼顾，运用程式化的表演方法。京剧程式化的表演是对生活的高度概括。

京剧与其他传统戏曲相比，历史较短，从乾隆55年进京不过短短200余年。然而它却是我国300多个剧种中艺术风格与表演体系最为完整、最为成熟且影响最大的剧种，人称"国剧"。自京剧形成200年来，出现了许多优秀的表演艺术家，其中在演唱和唱腔方面有突出贡献的就有几百人。

生行的艺术家有程长庚、余三胜、张三奎等；旦行的艺术家有时小福、余紫云、陈德霖等；净行的艺术家有何桂山、金秀山、刘永春等；小生行的艺术家有徐小香、姜妙春等。其中，国内外影响最大的京剧艺术家是梅兰芳，梅兰芳等京剧表演艺术家访日、访美、访苏获得了极大的成功，使中国京剧广为世人所知，外国人称中国京剧是"世界第一流艺术"。

梅兰芳《贵妃醉酒》剧照

课堂感悟

1. 中国传统音乐的特色是什么？怎么理解中国传统音乐在中国传统艺术中的地位？

2. 你觉得中国历史上书法大家的书法风格与他们的人生际遇有关系吗？

3. 阅读并分析《诗经》中的几篇诗作。

4. 著明的豪放派词人和婉约派词人分别有谁？其艺术风格有什么差异？

5. 杰出的明清小说有哪几部？其主要内容是什么？

6. 中国传统戏曲有哪些特色？

推荐书目

1. 金元浦：《文学欣赏》

2. 吴廷玉：《文学欣赏》

3. 刘运福：《艺术欣赏》

4. 杨辛、谢孟：《艺术欣赏教程》

第五章 中国传统科技文化

知识目标

1. 了解中国传统科学学科的基本知识；
2. 熟悉中国的四大发明，并了解其对中国传统文化的影响。

关键词语

天文学 农学 医药学 数学 四大发明

第一节 中国传统科学学科

中国古代在科学技术的各个领域和部门中都创造了辉煌的历史和卓越的成就，对整个人类文明做出了不可估量的贡献。

一、天文学

南昌故郡，洪都新府。星分翼轸，地接衡庐。

——《滕王阁序》

这是唐代文学家王勃年轻时所作的千古名篇《滕王阁序》中的内容。"星分翼轸"，"分"就是分野，"翼轸"是指翼星、轸星，属于江西地区，其地理位置是"地接衡庐"，南面是湖南的衡山，北面是江西九江的庐山。中国古代天文学家按照地球一年四季几个月的"时间"序列与天体"空间"位置，把我国地理区域与星宿相对应，这便是著名的"星象分野"。分野，就是一种将地上的区域与天上的星宿相互对应，由观测天象变化来预测地球上人类事务吉凶的方法。《史记·天官书》中说："天则有列宿，地则有九州。"分野主要表现在二十八宿上。从大禹治水开始，中华大地就被分成了"九州"，后来古人建立了中国各州（不止九个）与二十八宿的对应关系。据《史记·天官书》的标准，天上二十八宿在地上的分野如下表所示。

二十八宿分野表

东方苍龙	角、亢、氐	房、心	尾、箕
	兖州	豫州	幽州
北方玄武	斗、牛、女	虚、危	室、壁
	扬州	青州	并州
西方白虎	奎、娄、胃	昴、毕	觜、参
	徐州	冀州	益州
南方朱雀	井、鬼	柳、星、张	翼、轸
	雍州	三河	荆州

自公元前 8 世纪到公元 20 世纪初，我国的干支记日从未间断过，这是世界上迄今为止最长久、最完整的记日。《春秋》中记载了我国自公元前 8 世纪到公元前 5 世纪 300 年间的 37 次日食，其中 32 次据推算是可靠的，这是世界上最完整的上古时期的日食记录。《春秋·僖公十六年》有世界上关于陨石的最早记载。《春秋·文公十四年》记载了公元前 613 年七月"有星孛（彗星）入于北斗"，这是关于哈雷彗星的最早记载。我国古代共有关于哈雷彗星的记载 31 次。公元前 6 世纪，我国已采用"十九年七闰月"的置闰方法来制定历法，这比希腊人早 100 多年。战国时齐国甘德的《天文星占》和魏国石申的《星占》各记载了数百颗恒星的方位，这是世界上最早的星表，比欧洲第一个星表——古希腊伊巴谷的星表早约 200 年。

公元前 2 世纪初，司马迁等人制定《太初历》。《太初历》采用"八十一分法"（定一朔望月为 29 天零 43／81 日）和有利于农业生产的二十四节气，是我国历史上第一部统一的较完整的立法。《史记·天官书》记载了 500 多颗恒星的位置，还记录了恒星的各种颜色以及亮状、运速、亮距等。公元前 1 世纪，西汉的天文学家已意识到月光是日光的反射。《汉书·天文志》详细记载了公元前 32 年 10 月 24 日出现的一次极光，这是世界上较早的精确的极光观测记录。我国古代有世界上最丰富的极光记录，为研究太阳活动和地磁变化等提供了宝贵的资料。《汉书·五行志》有世界上关于太阳黑子的最早的记录。西汉末年我国已有朴素的关于地球公转的思想。

司马迁

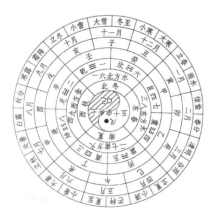

《太初历》

　　东汉贾逵明确指出黄道和赤道有一交角,是在我国首先利用黄道坐标系测定天体位置的人。他还发现月亮的视运动有快慢,并测定了近月点。东汉张衡在《浑天仪图注》中记载了当时测定的黄道和赤道的交角为 24°,在《灵宪》中正确地解释了月蚀的原理,还提出了宇宙无限的思想,对古代天文学的发展做出了重大贡献。张衡主持制成的"水运浑天仪",是用水作动力、通过复杂的齿轮系传动的天文仪器,它可以准确地自动演示天体运行的情况,是现代天象仪的前身,这是古代有关天文仪器的重要创造发明。"水运浑天仪"还是世界上最早的机械性计时器,而欧洲到 12 世纪才有机械性计时器。《后汉书·天文志》载有世界上最早的超新星爆发的记录。

张衡

　　三国时魏人杨伟制定《景初历》时,提出了推算日食、月食的食分和亏起方位角的方法。公元 4 世纪左右,西晋虞喜发现岁差,定冬至点每 50 年在黄道上西移 1°。

　　南朝宋、齐间的祖冲之编制《大明历》时,首次把岁差计算在内,定一回归年为 365.242 8 日,一交点月为 27.212 23 日(现代数据分别为 365.242 2 日和 27.212 22 日)。祖冲之对历法做出了许多创造性的贡献,《大明历》是当时最好的一部历法。公元 6 世纪,南朝梁人祖暅发现当时的极星(天枢星)距北极有 1° 多的偏离。公元 6 世纪,北齐张子信在海岛上观测天象 30 多年,发现太阳一年

祖冲之

间的视运动有快慢,并且初步掌握了太阳视运动快慢变化的规律,对隋唐历法的改革有重要影响。他还对日月交食的规律进行了研究,对提高交食预报的准确性做出了贡献。

隋代刘焯制定《皇极历》时用等间距二次内插法计算日月的运行,采用定朔,并定岁差为 75 年差 1°,已同准确值接近(现测为每隔 71.6 年差 1°),当时欧洲还沿用 100 年差 1° 的数据。由于保守派的反对,《皇极历》在当时没有实行。唐代李淳风制定的《麟德历》采用了刘焯的定朔的方法。隋代丹元子作《步天歌》,他把恒星表编成歌诀,广为流传,对当时普及天文知识起了很好的作用。

唐代张遂和梁令瓒主持制造了黄道游仪,对日、月和五星的运行进行了观测,比较正确地掌握了太阳运动的规律,并且重新测定了恒星的位置。张遂根据实测的结果制定了《大衍历》,计算方法也有很大改进,对后来的历法改革有很大影响。张遂和梁令瓒还主持建造了浑天铜仪。浑天铜仪以水力运转,通过复杂的齿轮系统可以显示天象运行的情况,并可自动报时,这是古代天文仪器的杰出成就。

浑天铜仪

张载

北宋进行了五次大规模的对恒星位置的观测活动。元丰年间(公元 1078—1085)的观测结果由黄裳绘成星图,公元 13 世纪被刻成石刻《天文图》,现仍保存于苏州市博物馆,图上共有星 1 440 颗。《宋会要辑稿·瑞异》和《宋史·天文志》等均载有金牛座超新星爆发的记录,为现代天体物理学的研究提供了宝贵资料。北宋张载在《正蒙·参两》篇中提出了关于宇宙的假说,他认为地是宇宙的中心,悬浮在气中,地有自转,又有游动,日月五星与天之间有相对运动,恒星则附于天之上。沈括在天文历法方面有许多重要成就,他在《梦溪笔谈·补笔谈》中提出了彻底改革历法的主张:按节气定月,以立春为元旦,大月三十一日,小月三十日,大小相间,不置闰月。这种把二十四节气和十二个月完全统一起来的历法,很适合农业生产的需要。

元代王恂、郭守敬等制定《授时历》时,根据实测校正了许多天文数据,计算方法也有创造。《授时历》施行了 364 年,是我国古代最精确和使用最长久的历法。郭守敬等人还创制了“简仪”(由浑仪改进、简化而成)、“仰仪”(观测太阳位置和日食的仪器)等十多种天文仪器,其中简仪比西方丹麦天文学家弟谷的同类仪器早 300 多年。

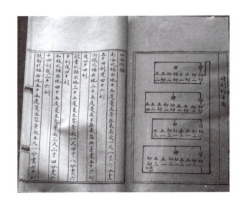

王恂　　　　　　　　郭守敬　　　　　　　　《授时历》

公元 1405—1433 年,明代郑和七次下西洋时绘制的"航海图"上所载的四幅"过洋牵星图",是我国古代航海天文学的宝贵资料。明末,邢云路测得一回归年为365.242 190 日(今测值为 365.242 193 日),已准确至十万分之一日。清初颁行《时宪历》,改平气为定气,是历法的又一次改革,一直施行到清末。清代平民天文学家王锡阐著《晓庵新法》等 13 种天文学著作,提出了计算金星凌日的凌始和凌终方位角的方法等。王锡阐尖锐地批判了脱离实际的唯心主义,并同外国传教士与否定我国古代科学文化的谬说进行了斗争。

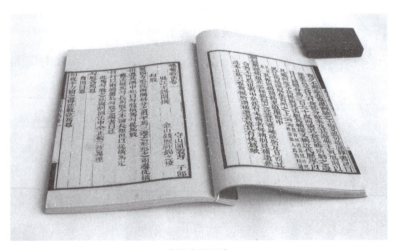

《晓庵新法》

二、农学

我国是一个古老的农业大国,我国古代在农业科技方面的成就很大。根据考古挖掘证实,我国七八千年前就已有了原始农业,长江流域以种植水稻为主,黄河流域以种植粟为主。我国古代的粮食作物有"五谷""六谷"之称,其中主要是指稷、稻、麦、豆、黍等,后代又先后从国外引进了玉米、红薯等作物。

在长期的耕作实践中,古代农业形成了精耕细作的优良传统。春秋战国时期就有人提出"活田勤谨,则亩盖三升"(《汉书·食货志》),即挖掘土地潜力,提高作物产量。在此传统下,历代对土壤施肥、耕作、田间管理等方面进行深入研究,取得了显著成果。例如,汉代推行的代田法,即在田间开沟作垄,使沟垄相间,在沟中播种,以便出苗后再将垄上的土逐次推到沟里,培育植物根部,次年沟垄互易,这样以后"一岁之收,常过缦田亩一斛以上,善者倍之"。又如汉代施行的溲种法,即用骨汁、雪汁、蚕粪、羊粪等混合物处理种子。宋元时提出了"地力常新论",认为合理施肥能使地力常新。

和农业发展紧密相连的,还有农业机具的制造和水利工程的修建。中国古代的农业机具制造术是相当先进的。原始社会时出现了耒和锄,春秋时发明了灌溉提水工具辘轳,战国时出现了牛耕和铁制的犁,东汉时出现了相当先进的灌溉机具龙骨水车。之后农具随着生产技术的提高而不断完善,宋元时期农具的制造居于世界领先地位。但由于封建社会自给自足的小农经济限制了古代农具的发展,因此近代农业机具的制造逐渐落后于西方。

中国古代有很多水利工程,其规模的宏大、收益的显著在世界上是首屈一指的。公元前597年前后修建的芍陂水利工程是中国最早的一座大型筑堤蓄水灌溉工程。建于公元前3世纪的都江堰工程更是举世闻名,整个工程由"分水鱼嘴""飞沙堰""宝瓶口"三部分组成,具有防洪、灌溉、航运三种功能,建成后,川西南地区成为"水旱由人,不知饥饿"的"天府之国"。另外,还有漳水十二渠、郑国渠等一些水利工程。秦汉以后,各地因地制宜,修建了多种多样的水利工程,对农业的发展起到了促进作用。

分水鱼嘴

飞沙堰

随着农业的发展,农学著作也日益丰富。中国古代农学文献约有600多种,有战国时成书的《吕氏春秋》中的《上农》、《任地》、《辩土》、《审时》等文章,这是中国现存最早的农学论文；有汉代氾胜之撰《氾胜之书》，总结了北方的耕作经验，它是中国现存最早的农书；北魏贾思勰撰《齐民要术》，叙述了大田作物的种植技术、树木栽种技术，家禽、家畜和鱼类养殖方法，以及农副产品的加工和储藏等，它是中国现存最早、最完整的古代农书；唐代有陆龟蒙撰的介绍常用农具的《耒耜经》；南宋陈敷的《农书》是现存第一部全面探讨南方水稻区域农技的专著；元代大司农主编的《农桑辑要》，所涉范围比《齐民要术》更广泛，介绍的进步技术也更多一些；王桢撰《王氏农书》，强调风土之宜，介绍了农器图谱；明代徐光启的《农政全书》是中国古代农学集大成的巨著，等等。以上各种农书中，尤以《齐民要术》、《农桑辑要》、《王氏农书》和《农政全书》最为重要，他们基本上都是我国古代相应的各个时期农业经验的总结，代表了当时农学的最高成就。

《齐民要术》

三、医药学

中国医学是世界医学宝库中独具特色的瑰宝，数千年来，在维护和增进人们身心健康方面做出了巨大的贡献。迄今为止，作为传统学科，它依然屹立于现代世界科学之林，其独特的作用无可替代。

中医学理论系统完整，博大精深。成书于春秋战国时期的《黄帝内经》是我国现存最古老而又完整的医学典籍，原书18卷，包括《素问》和《针经》(唐以后改称《灵枢经》)两部分，各9卷。该书为中医学理论发展的方向和道路奠定了基础，中医学五大核心理论——阴阳五行学说、脏象学说、经络学说、形神学说和天人学说，均肇始于此书。

《黄帝内经》

　　中国医学传统，把人身体当作一个整体，从头顶到脚底，从里到外，是一个不可分割的系统。人体某部位发生病变，可以影响整个身体或其他器官，而全身的状况有可能影响局部的病理变化，一定的外部环境，如四季变化、地理水土、社会生活、思想情绪等因素都会直接影响人的身心健康。人体产生疾病最主要的原因是阴阳失调。中医主要的诊断方法为望、闻、问、切四诊法，以此来了解人体阴阳表里的寒热虚实，测知病情的深浅轻重，搜集病情资料，了解正气的强弱，以便对症下药。治疗时要把握整体，辨证施治。

　　西方近代医学虽然在人体生理病理的研究方面取得了一系列划时代的巨大成就，但是在整体系统思维方面远不及中国的中医学理论。以近代科学为基础的西医理论，一直把人看作是一部机器，把复杂的生命活动简单地归结为机械运动。直到1948年世界卫生组织通过《宪章》，确认健康乃是一种在身体上、精神上和社会上的完满状态，这才建立了当前世界所公认的"生物—心理—社会"医学模式。而这种整体和系统的医学理论，《黄帝内经》中早有系统、深入的阐述，其后各代的医书也都是沿着这一方向和道路发展的。

　　中国现存中医古籍近8 000种，这在世界上是绝无仅有的。我国在诊断学和内、外、妇、儿、针灸等各临床学科方面都取得了辉煌成就。东汉时张仲景写了中医史上第一部理、法、方、药齐备，用于临床的杰作《伤寒杂病论》，书中创造性地提出了"四诊""六经辩证""八纲辩证"等原则和方法。首次记载了人工呼吸急救措施、药物灌肠、胆道蛔虫，比世界上同类记载要早很多。此书是中医方书的鼻祖，此书经后人整理成《伤寒论》和《金匮要略》二书，与《黄帝内经》《神农本草》并称"中医学四大经典"。

《伤寒论》

《金匮要略》

切脉诊病是中医一绝,早在战国时扁鹊已经熟练地将其运用于临床。西晋太医令王叔和著《脉经》,这是中国第一部脉学专著,其中提到 24 种脉象,后来发展为一门脉学。中医麻醉方面,扁鹊研制出"毒酒"麻醉法;华佗发明"麻沸散",并成功地将其应用外科大手术中。春秋战国时期流行针灸疗法和经络学说,这种独树一帜的方法令近代以来的世界医学界刮目相看。现存最早的针灸学专著是西晋皇甫谧整理前人著作编成的《针灸甲乙经》,此书被当代国际针灸学会列为必读的参考书之一。现存最早的针灸铜人由北宋医官王惟一创制,至今仍被国内外医学界仿制。针灸治疗这种独特的中医治疗方法,适用范围很广,可用于内、外、妇、儿、五官等科多种疾病的预防和治疗,疗效迅速、显著,操作简便,费用低廉,没有或仅有极少的副作用,并可协同其他疗法综合治疗,为中国人民的医疗保健事业做出了巨大贡献,至今仍为欧、亚许多国家所采用。

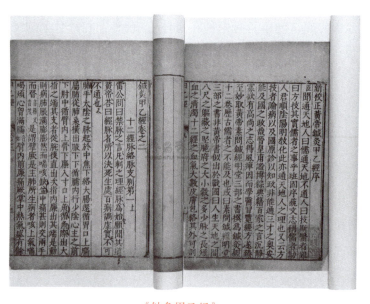
《针灸甲乙经》

与中医学密切相关的中药学同样有举世瞩目的成就。汉代的《神农本草经》是中国第一部药物学专著，书中收录各类药物 365 种，并对每种药物的主治疾病、性味、产地和采集都有详细记述。659 年，由唐政府组织苏敬等人修成并颁行的《新修本草》载药 9 类 844 种，是中国古代第一部，也是世界上最早的药典，比外国最早的药典——1494 年成书的意大利《佛罗伦萨药典》早 835 年。书成不久，来中国学习的日本人就将其传到日本，日本政府把它列为医学生必修

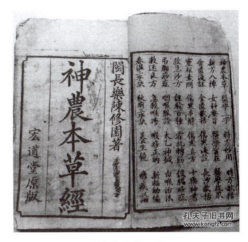

《神农本草经》

课本之一。中国古代药物学的最高成就是明代李时珍于 1578 年完成的不朽著作《本草纲目》，共收药物 1 892 种，医方 11 096 个，插图 1 162 幅，全面系统地总结了 16 世纪以前中国的药物成就，涉及动物、植物、矿物、化学、地质、农学、天文、地理等许多科学领域，不仅对中国医药学和自然科学做出了重大贡献，在海外也产生了巨大影响。1 647 年，该书首次被译成拉丁文，之后又被译成英、日、德、俄等多种文字，其中英文译本就有十余种，流传于世界，被誉为"东方医学巨典"，达尔文评价它是"中国古代的百科全书"。

147

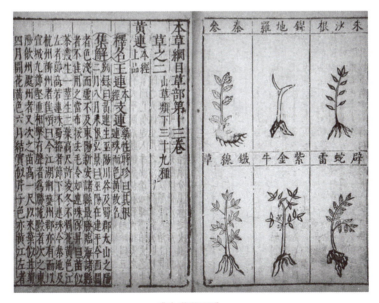

《本草纲目》

由于受古代人们认识水平和思维方式的限制，传统中医在研究人的生理、病理、治疗等医学问题时，走了一条与西方医学截然不同的道路，采用阴阳五行等宏观而抽象的概念来

解释人体生理、病理现象,与现代科学研究力求微观、精细化的方法完全不同。传统的中医理论带有很强的自然哲学意味,而非实验医学。中医在诊断和治疗时,虽看似同一病症,但强调每一个病体的当时状态特征,由于个体之间存在差异,使用的药物及剂量常常完全不同,治疗的灵活性大,优点是针对性强、不机械,但同时也带来了缺乏普遍的可操作性问题。很明显,中医的特征及优点是与其局限性共存的,这正是传统中医学在走向现代化的过程中亟待解决的问题。

总体而言,中医在理论上虽然有玄想的成分,但它注重整体和系统,在方法上虽然缺乏普遍的可操作性,但它强调以人为本,注重个体差异,从了解病人的生活环境到认识病体的生理、病理,以及诊断、治疗上的理论都环环相扣。中医取类比象、执简驭繁的说理方法,强调人要顺应自然的思想,协调平衡的养生与治疗观点,至今仍闪耀着中华民族智慧的光芒。

四、数学

萌芽于新石器时代晚期的十进位制记数法,在商周时期已被普遍使用,到春秋战国时期已被熟练应用于数学计算中,后来这种计数法伴随着文化交流传入印度,又经印度传入阿拉伯,再传到欧洲,演变为今天世界通用的印度—阿拉伯数码。十进位制计数法是中国对世界文明的一项不可磨灭的重大贡献。正如李约瑟所指出的:"如果没有这种十进位制,就几乎不可能出现我们现在这个统一化的世界了。"早在春秋末年,我国劳动人民在生产实践中就创造了一种简便的计算工具——算筹,应用算筹进行运算是我国古代的主要计算方法。春秋战国时期,我国人民又归纳出了分数概念、整数四则运算和九九乘法表。战国时期,我国劳动人民在制造农具、车辆和兵器等实践中已有了角度的概念。墨家的著作《墨经》中有点、线、面、方、圆等几何概念。

公元前1世纪成书的《周髀算经》是我国现存最早的天文数学著作,它总结了我国古代天文学中所应用的数学知识,其中包括直角三角勾股定理的应用和复杂分数的运算。约东汉时成书的《九章算术》是我国较早的杰出的数学专著,内容包括246个应用问题及其解法,涉及算术、初等代数、初等几何等各个方面。其中,关于多元一次方程组解法的记载,关于正负数的概念、正负数加减法则的记载是世界上最早的,关于开平方、开立方以及一般二次方程的解法等在世界上也都是最早的。《九章算术》是我国古代劳动人民在长期的生产实践中积累起来的数学知识的结晶,为我国古代数学的发展奠定了基础。

《周髀算经》

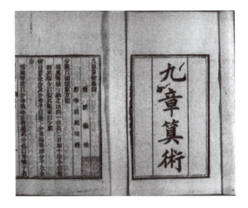

《九章算术》

三国魏人刘徽作《九章算术注》。他指出，过去的圆周率近似值过于粗疏，并在卷一《方田》中运用"割圆术"（用圆内接正多边形面积无限逼近圆面积的办法）得出圆周率的近似值为 3.1416。他的"割圆术"体现了极限的思想，该书最后一部分《重差》总结和研究了古代劳动人民的测量术，唐代以后将其独立成书，称为《海岛算经》。公元 4—5 世纪成书的《孙子算经》提出了"物不知数"的问题并做了解答。后经南宋秦九韶发展成"一次同余式"理论，被称为"中国的剩余定理"。19 世纪初，德国人高斯才提出"同一定理"。5 世纪，祖冲之从天文和器械制造的实践需要出发，推算出圆周率在 3.141 592 6 与 3.141 592 7 之间，有效数字达到八位。祖冲之还确立了圆周率的分数式表示：密率＝35/113，疏率＝22/7，其中密率是分子分母在 1 000 以内的最佳

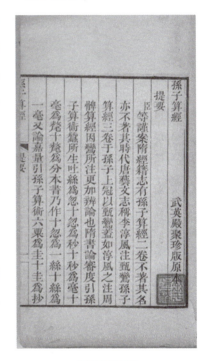

《孙子算经》

值。而直到 16 世纪，欧洲的德国人鄂图和荷兰人安托尼兹才得出同样的结论。

隋代刘焯在制定《皇极历》时，在世界上最早提出了等间距二次内插公式，这在数学史上是一项杰出的创造。唐代王孝通在《缉古算术》中解决了大规模土方工程所提出的三次方程求根的问题。李淳风等人编著的《周髀算经》《九章算术》《海岛算经》等十部数学著作，作为唐代的数学教科书，被合称为"算经十书"，为保存我国古代数学著作做出了贡献。

北宋贾宪在《黄帝九章算法细草》中创造了开任意高次幂的"增乘开方法"，直到 19 世纪英国人霍纳才得出同样的方法。贾宪还列出了二项式定理系数表，而欧洲到 17 世纪才出现类似的"巴斯加三角"。沈括从"酒家积罍"数与"层坛"体积等生产实践问题提

出了"隙积术",开始对高阶等差级数的求和进行研究,并创立了正确的求和公式。沈括还提出"会圆术",得出了我国古代数学史上第一个求弧长的近似公式。他还运用运筹思想分析和研究了后勤供粮与运兵进退的关系等问题。

南宋秦九韶在《数书九章》中推广了增乘开方法,叙述了高次方程的数值解法,他列举了 20 多个来自实践的高次方程的解法,最高为十次方程。欧洲到 16 世纪才由意大利人菲尔洛提出三次方程的解法。秦九韶还系统地研究了"一次同余式"理论。李冶著的《测圆海镜》是第一部系统论述"天元术"(一元高次方程)的著作,这是数学史上一项杰出的成果。

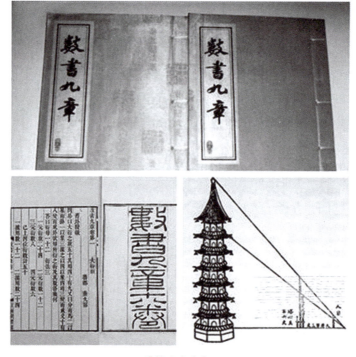

《数书九章》

元代王恂、郭守敬等制定《授时历》时,列出了三次差的内插公式。郭守敬还运用几何方法求出相当于现在球面三角的两个公式。元代朱世杰著《四元玉鉴》,把"天元术"推广为"四元术"(四元高次联立方程),并提出消元的解法。朱世杰还对各有限项级数求和问题进行了研究,并在此基础上得出了高次差的内插公式。公元 14 世纪,我国人民已使用珠算盘。在现代计算机出现之前,珠算盘是世界上最简便且有效的计算工具。

明代吴敬在《九章算法比类大全》中记载了珠算口诀。程大位的《直指算法统宗》是当时广泛流传的珠算术书籍。

徐光启等翻译了欧几里得的《几何原本》前 6 卷,李之藻翻译了《同文算指》。至此,欧洲数学开始引入我国。

清代梅毅成等人编成《数理精蕴》53 卷，介绍了西方数学以及我国古代数学的一些成就，是当时的数学百科全书。明安图编著的《割圜（圆）密率捷法》，证明和扩充了用解析方法求圆周率的公式。明安图还用其独创的几何方法对三角函数展开式进行了研究。18 世纪，唯物主义思想家戴震校勘《周髀算经》《九章算术》等著作，为保存我国古代数学成就做出了贡献。

第二节　四大发明

造纸、印刷术、火药、指南针，这四大发明是中华民族奉献给人类文明并改变整个世界历史进程的伟大的技术成就，反映了中国人民伟大的创造力。

一、造纸

纸的发明是人类文字载体的一次革命。在纸出现之前，人们书面交流思想，传播知识信息只能用各种原始、粗重的书写材料。例如，苏美尔人使用泥板，迦勒底人使用砖刻，巴比伦人使用石刻，古罗马人使用铜板，古埃及人使用纸草，古印度人使用贝多叶，柏加曼人使用羊皮。我国在殷商时期使用龟甲、兽骨、金石，在战国秦汉时期使用竹、木以及帛等。但是，这些材料或笨重，或昂贵，或使用不便，都不是理想的书写材料。

1957 年西安灞桥出土的西汉初期的麻纸，世称"灞桥纸"，是世界上现存最早的植物纸。经鉴定，该纸是以大麻和少量苎麻纤维为原料制成的，制作技术较原始，质地粗糙，还不便于书写。公元 105 年，东汉宦官蔡伦完成了造纸技术（造纸工艺流程见下图）的重大革新，它采用树皮、麻头、破布、渔网做原料，不仅扩大了造纸的原料来源，降低了成本，还大大提高了纸的质量。由此，纸张开始取代竹帛迅速推广，人们都称之为"蔡侯纸"。后世因此公认蔡伦为纸的发明者。

6 世纪开始，造纸术传往朝鲜、越南、日本，公元 751 年传到中亚细亚的撒马尔罕，又传到西亚的大马士革，12 世纪传入欧洲，16 世纪纸张已流行于欧洲。直到 18 世纪前，世界各地都沿用我国的造纸技术。"纸对后来西方文明整个进程的影响，无论怎样估计都不过分。"中世纪的欧洲人若使用羊皮纸印一本《圣经》，至少需要用 300 多张羊皮。这种状况导致受教育者仅限于极少数富人，文化信息传播受到了极大的限制。由此可见，中国造纸术的发明和广泛使用对推动世界各国的教育、政治、商业活动具有重大意义。正如德克卜德所说："世界受蔡侯的恩惠要比受许多更知名的人的恩惠更大。"

151

汉代造纸工艺流程

二、印刷术

在印刷术发明之前,人们在进行文化学习时首先要互相传抄教材,这样做费时费力,而且容易出错。为了提高效率,避免抄错,晋人借鉴古代印玺和石刻的办法,把文章刻在石上,再涂上墨,然后用纸拓印成书,这就是最早的墨拓技术。但是拓印有很大的局限性,不仅费时费力,而且难以存放保管。隋代在墨拓技术的基础上,发明了真正的印刷术——雕版印刷术。

雕版印刷

转轮排字

雕版是把文字刻在木板上,这比刻在石板上容易得多,储存和印刷也方便得多,缓和了当时社会对印刷品的供需矛盾。雕版印刷虽然是印刷术中一项重大的技术发展,但仍然费工费时。大部分的书往往要花几年时间才能完工,存放版片又占用大量地方。印量少又不重印的书,版片印完后便成废物,由此在人力、物力、时间方面都造成了浪费现象。宋仁宗庆历年间（1041—1048）平民毕昇创造了活字印刷术，从根本上解决了雕版印刷的缺点。毕昇用胶泥刻成单字烧硬，再拼版印刷。这一发明大大节省了雕版人力，缩短了出书周期，既方便，又经济。这是印刷史上又一次重要的技术革命。元代王祯又在泥活字的基础上制成木活字，并发明了"转轮排字架"，采用"以字就人"的方法，既提高了印刷效率，又减轻了劳动强度。此后又陆续出现了锡活字、铜活字等金属活字。古代的印刷术大约于8世纪传入朝鲜，以后又传入日本等地，经丝绸之路传入伊朗、阿拉伯，后传入欧洲。

印刷术在欧洲的出现，对西方近代文明的产生和发展产生了直接而巨大的推动作用。恩格斯指出："印刷术的发明以及商业发展的迫切需要，不仅改变了只有僧侣才能读书写字的状况，而且也改变了只有僧侣才能受较高级的教育的状况。"从此，欧洲的学术中心由修道院转到各地的大学。这就为当时欧洲的宗教改革和文艺复兴运动提供了极为有力的武器，为近代科学的发展以及欧洲资产阶级的兴起和思想传播起了巨大的推动作用。

三、火药

早在商周时期，我们的先人就已经在冶金中广泛使用木炭，春秋战国时期人们又认识了硝石和硫黄的性能。炼丹家们经过长期的实践逐步了解到，点燃一定比例的硝石、硫黄、木炭的混合物，在一定条件下就具备了火药的特性，会产生异常激烈的燃烧和爆炸等现象，最早在唐代便发现了火药。

火药

中国古代有一本有关炼丹术的重要著作《诸家神品丹法》，里边载有唐初孙思邈的"伏硫黄法"，谈到了把硫黄、硝石和木炭混合炼制火药的新方法。其中说到，在操作时要把盛放药物的锅放入地坑中，四面填满土。这样做极可能是为了避免药物发生爆炸而伤人。

此外,唐末的丹书《真元妙道要略》还记载了一次火药爆炸的事故。可见,唐代时人们已初步认识火药这种东西的制造方法及特性。从北宋开始,火药应用于军事,出现了火药武器。1044 年,曾公亮编著《武经总要》一书,书中所载的火药配方和后世的黑火药的配方已相当接近,此后又出现了铜或铁的筒式火炮等。火药应用于军事上,是武器发展史上的一次革命,揭开了古代兵器史上的新篇章。1225—1248 年,中国的火药制造技术经印度传入阿拉伯,之后又传入欧洲,英、法各国直到 14 世纪中期才逐渐掌握了火药的制造技术。

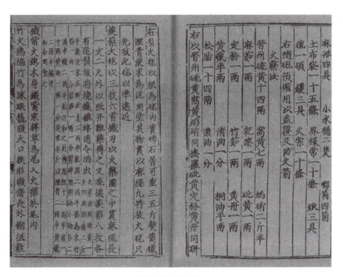

《武经总要》

火药在摧毁欧洲中世纪封建贵族城堡、结束封建专制统治上做出了巨大的贡献。恩格斯说:"火器一开始就是城市和以城市为依靠的新兴君主政体反对封建贵族的武器,以前一直攻不破的贵族城堡的石墙抵不住市民的大炮;市民的枪弹射穿了骑士的盔甲,贵族的统治跟身披铠甲的贵族骑兵队同归于尽了。"火药的发明开始了军事方面的一场具有历史意义的技术和战术革命,各种各样的火器被制造出来,火器的强大威力改变了战争的面貌,改变了军队的编制、战法和整个指挥系统。火药的发明对经济、社会生产和文化娱乐也起了巨大的促进作用,有不可估量的意义。

四、指南针

指南针是把人类无力感知的地磁信息转换为视觉可见的空间形式的一项伟大的创举,它的发明和应用是我国人民对人类文明的重大贡献。

虽然指南针产生于宋代,但指南针的前身"司南"早在战国时就被发明了。据《韩非子·有度》篇记载,"先王立司南以端朝夕",意思是说先王以天然磁石制成磁勺——司南,用以指示方向。汉代王充在《论衡·是应篇》中也谈到了指南勺。指南勺是以磁石磨制而成的勺状物,底部圆滑,若把它放在铜制的刻有方位的圆盘上,勺柄就会自动指向南方。这是世界上最早的指南针。司南虽已发明,但天然磁石在雕琢时容易因打击、受热而失磁,所以司南的磁性较弱,又加上转动时阻力较大,所以难以达到预期的指南效果。

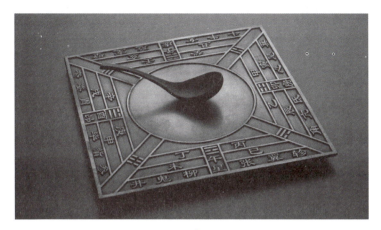

司南

由于司南勺费时费力且不实用,于是人们经过长期实践和反复实验,到宋代,终于掌握了人工磁化的方法,于是更高级实用的指南针开始登场。宋代沈括在《梦溪笔谈》中详细记载了当时四种不同的装置方法,即水浮法、缕悬法、指爪法和碗唇法。沈括在其著作中还记载了地磁偏角,这是世界上关于地磁偏角的最早记录。

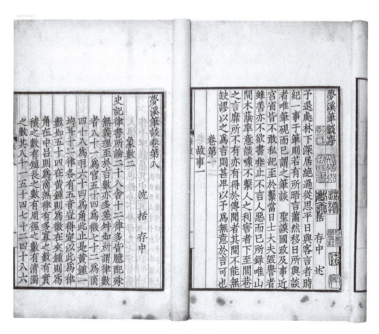

《梦溪笔谈》

最迟在北宋末年,中国人已将指南针应用于航海。由于宋朝时期我国与阿拉伯地区海上往来频繁,所以指南针很快传入阿拉伯地区,1180年左右,指南针从阿拉伯人那里又传到欧洲人手中。欧洲关于指南针的记载最早见于1190年。指南针的发明和应用是世界航海业中划时代的事件,它使人类获得了全天候远洋航行的能力。由此,人类第一次得到了在茫茫大海上航行的自由。此后,许多新航线陆续被开辟,航程缩短,加速了航运的发展,促进了各国人民之间的文化交流与贸易往来。

四大发明的意义和影响极其深远,在世界科技史上一直享有盛誉。著名英国哲学家弗兰西斯·培根高度评价了印刷术、火药和指南针的重大意义,"这三种发明已经在世界范围内把事物的全部面貌和情况都改变了:第一种是在学术方面,第二种是在战事方面,第三种是在航行方面,并由此又引起了无数的变化。这种变化如此之大,以至没有一个帝国、没有一个宗教教派、没有一个赫赫有名的人物,能比这三种发明在人类的事业中产生更大的力量和影响。"马克思也曾指出:"火药、指南针、印刷术——这是预告资产阶级社会到来的三项发明。火药把骑士阶层炸得粉碎,指南针打开了世界市场并建立了殖民地,而印刷术却变成新教的工具,并且变成了科学复兴的手段,变成了创造精神发展的必要前提的最强大的推动力。"

课堂感悟

1.简述中国传统科技文化的伟大成就。
2.分析中国古代科技发展的特征。
3.简述古代科学技术成就带给我们的启示。

推荐书目

1.卢嘉锡:《中国科学技术史》。
2.史晓雷、周志宇:《古代科技中的智慧》。
3.邓宏海:《远古中国的四大发明》。

第六章　中国传统民俗文化

第一节　中国历代服饰文化

服饰是一种文化现象。中国传统服饰文化是中国传统文化的一个重要组成部分,是我国传统文化宝库中一笔丰厚的宝藏。中华历史泱泱数千年,各个朝代不同的民族各有不同的服饰,它们各具特色,充分展现了历朝历代身处不同环境下人们的审美观念,十分具有历史与美学方面的研究价值。

一、夏、商、周时期的华夏服饰

夏、商、周时期,中原华夏族的服饰是上衣下裳,束发右衽。河南安阳出土的石雕奴隶主雕像,头戴扁帽,身穿右衽交领衣,下着裙,腰束大带,扎裹腿,穿翘尖鞋。这大体反映了商代服饰的情况。周初制礼作乐,对贵族和平民阶层的冠服制度做了详细规定,统治者以严格的等级服装来显示自己的尊贵和威严。深衣和冕服始于周代,这两种服制对后世都产生了深远的影响。

夏、商两代已有冕服。夏、商、周三代的服制在继承前代的基础上各有变革和发展。夏代称冕冠为收,商代称其为鷩,周代称其为爵弁,夏代的冕冠纯黑而赤,前小后大,商代的冕冠黑而微白,前大后

冕冠

小,周代的冕冠黑而赤,如爵头之色,前小后大。国王在举行各种祭祀时,要根据典礼的轻重,分别穿6种不同格式的冕服,总称"六冕","六冕"包括大裘冕(王祀昊天上帝的礼服)、衮冕(王之吉服)、鷩冕(王祭先公与飨射的礼服)、毳冕(王祀四望山川的礼服)、希冕(王祭社稷先王的礼服)、玄冕(王祭群小,即祀林泽坟衍四方百物的礼服)。

此外,"六冕"还与大带、革带、韨、佩绶、赤舄等相配,并因服用者身份地位的高低而在花纹等方面加以区别。周代国王的礼服除以上6种冕服之外,还有4种弁服分别是用于视朝时的皮弁,用于兵事的韦弁,用于田猎的冠弁和士助君祭用的爵弁。

皮弁形如复杯,系白鹿皮制成的尖顶瓜皮帽,天子以五采玉12饰其缝中,白衣素裳,为天子在一般政事活动时所戴。韦弁赤色,配赤衣赤裳。晋代韦弁如皮弁,为尖顶式。冠弁就是委貌冠,也称皮冠,配缁布衣素裳。爵弁为无旒,为无前低之势的冕冠,较冕冠次一等,配玄衣纁裳,不加章采。

周代王后的礼服与国王的礼服相配衬,也和国王冕服一样分成6种规格。《周礼·天官》中说:"内司服掌王后之六服,袆衣、揄狄(一作翟)、阙狄、鞠衣、展衣、禄衣、素纱。"其中,前3种为祭服,袆衣是玄色加彩绘的衣服,揄狄为青色,阙狄为赤色,鞠衣为桑黄色,展衣为白色,禄衣为黑色。揄狄和阙狄用彩绢刻成雉鸡之形,加以彩绘,缝于衣上作装饰。6种衣服都用素纱内衣为配。女性的礼服采用上衣与下裳不分的袍式,表示妇女重视情感专一。

袆衣　　　　　　　揄狄　　　　　　　素纱

二、春秋战国时期的服饰

周代冕服、弁服的色彩是体现服饰等级的重要标志。换句话说,周代服饰的色彩可以彰显穿着者的身份、阶层与地位。周代以青、赤、黄、白、黑的正色为贵,以正色相杂而生的间色为卑。但春秋战国时期,随着礼制的日益崩坏,服装色彩原有的尊卑秩序也遭到了破坏。最典型的例子就是齐桓公"好紫"。由于一国之君喜欢紫色,以致齐国的百姓争相效仿,最终一国尽紫服。紫色作为周代服饰色彩的"间色",也就是所谓的"不正之色",代表卑贱。齐国尚紫的风气是对周代原有服饰规制的破坏,同时也是对周礼的挑战。对此,儒家重要代表人物孔子和孟子基于对周礼的维护,都对此表示过强烈的不满甚至厌恶。

春秋战国时期,诸侯国各自为政,各自有不同的文化习俗,因此导致不同地域国家的服饰各具特色。而这一时期织绣工艺的巨大进步,也使服饰材料日益精细,品种名目日渐繁多。

中原地区地处黄河中游,为周和三晋所在,服饰虽繁简不同,但西周以来质朴的曲裾交领式服装仍居于主流。这种衣式,通常上衣下裳连属,衣长齐膝,曲领右衽。

齐鲁地区地处黄河中下游,当地女性好绾偏左高髻,长裙收腰曳地,窄长袖,异于中原三晋地区的女式"深衣",文彩分为红、黄、黑、褐条纹。

北方地区,如中山国和燕国,服饰类似于三晋地区。国人衣着为宽大袖口的交领,右衽"深衣",曲据缠身多层,呈"燕尾"曳地,腰带用带钩和环配系,衣上花纹间填朱、黑色漆,有较宽的"纯",既有齐衣晋带的特征,又有北方格调。

西北秦地服饰,厚实而便用,但少华丽韵味,当然权贵除外。陕西铜川的春秋晚期秦墓出土了8件泥塑彩俑,衣式均为紧袖右衽束腰长袍,有黑色而领边及衣襟饰红点和黑红色两种,衣长或齐膝,或垂至足面,鞋分黑色圆头履和方头履两种。

吴越地处东南隅,位于长江下游,服饰拙而有式,守成而内具机变。当地人长期保持着因地制宜的服饰风格。单以发式言,当地以剪发为主且善梳埋。所谓吴人"发短",乃指其发式是将额顶及两鬓头发剪短,并非为一律髡成短冲式,其余则维持原状,经梳理盘束脑后为椎髻。

楚国位于江汉地区,势力跨过长江中下游部分地区。楚服素有轻丽之誉,各地楚墓相继发现的皮手套、皮鞋、麻鞋与大量彩绘木、陶、玉俑,包括"遣策"所记种种衣袅,无不可领会楚人衣服的轻盈细巧、冠式巾帽的奇丽以及款样的纷繁华艳。

江淮之间小国林立,受南北大国的掣肘,其服饰时尚亦深受影响。如姬姓曾国,为南部楚国的附庸,服饰鲜中原风格而有浓厚的楚服特色。又如地处淮水南的黄国,其服饰风格与北部大国风格接近。

楚服

综上所述,春秋战国时期尽管各地区间的服饰形制交互影响,互有所取之处,但总有其固有的风格品位。从宏观看,中原周地和三晋服饰质朴,东方齐鲁服饰舒裕,北方中山和燕地服饰矜夸,西北秦地服饰厚实,东南吴越服饰拙而有式,南方楚地服饰轻丽,西南巴蜀滇服饰宽松。

三、汉朝的传统服饰

汉朝的冠服制度,大都承袭秦制。汉朝服饰不等同于汉服,汉服为汉族传统服饰之意。汉朝服饰直至东汉明帝永平二年,才算有正式完备的规定。汉朝的服饰,主要有袍、襜褕（直身的单衣）、襦（短衣）、裙。

汉代因织绣工业发达,故有钱人家可以穿绫罗绸缎,而一般人家穿的是短衣长裤,贫穷人家穿的是短褐（粗布做的短衣）。汉朝妇女的穿着有衣裙两件式,也有长袍,裙子的样式最有名的是"流仙裙"。

汉服具备独特的形式,其基本特征是交领、右衽、系带、宽袖,又以盘领、直领等为有益补充。

襜褕

广袖流仙裙

1. 男服服饰

礼服：汉朝的祭祀礼服，承袭了秦代的废除"六冕"，以一种冕服作为祭天地明堂的礼服。

冕冠服：最尊贵的祭祀礼服，是天子及三公诸侯、卿大夫祭天地明堂时的穿着。

长冠服：夫子和执事百官在祭宗庙及各种小祀，如五岳、四渎、山川、社稷等典礼时的穿着。

委貌冠服：相当于周代的冠弁服。为公卿、诸侯、大夫行大射礼于辟雍时的穿着。

冠：汉代的冠是区分社会等级地位的基本标志之一，主要有冕冠、长冠、委貌冠、爵弁、通天冠、远游冠、高山冠、进贤冠、法冠、武冠、建华冠、方山冠、术士冠、却非冠、却敌冠、樊哙冠等 16 种。

冕服

皮弁冠服：此种冠服为大射礼时执事者的穿着，衣裳为缁麻衣、皂领袖、素裳。

朝服：自秦开始以袍作为朝服，汉代从皇帝至小吏亦皆以袍作为朝服，其也被用作主要常服。袍服因不同身份的人戴的冠不同而有不同的名称。汉代的朝服，服色随五时着服，即春青、夏朱、季夏黄、秋白、冬黑。朝服均是衬以告缘领袖的中衣。

2. 女服服饰

汉代横跨两朝 400 年，女服款式丰富，从现有文物来看，最流行的式样有如下几种。

庙服：相当于周代的褘衣，是女子礼服中地位最尊贵的一种。太皇太后、皇太后之入庙服，皇后之谒庙服，其服色为皂下。

蚕服：相当于周代的约鞠衣。每年三月，皇后率领公卿诸侯的夫人参加亲蚕礼时即穿蚕服。

朝服：自二千石夫人以上至皇后，皆以蚕服为朝服。

四、魏晋南北朝时期的服饰

魏晋南北朝时期的整体服饰风格可以用"丰富多彩、南北交融"来概括。其时由于战乱不断，王朝更迭频繁，经济遭到破坏，社会生活的各个方面都受到了严重影响，人们的礼法观念变得淡薄，衣冠服饰也发生了显著变化。这个时期是我国古代服饰的大变动时期。

魏晋时期的服饰，基本上承袭秦汉旧制。南北朝时期的服饰，却呈现一种各民族间相互吸收、逐渐融合的趋势。一方面，一些少数民族政权的执政者受汉族传统文化的熏染，积极提倡穿汉族服装,以致形成了"群臣皆服汉魏衣冠"的状况;另一方面,魏晋南北朝时期的政治环境使文人士子空有忠君报国的志向却无用武之地,因为自身的政治抱负不能实现,人生理想无法达到,所以文人士子不再过多地局限于儒学的条条框框,而开始强调自我个性解放。

于是,当时的社会就出现了"褒衣博带"的流行时尚,形成了一种独特的魏晋风度。男子袒胸露臂,追求轻松、自然、随意的感觉;女子则长裙曳地,大袖翩翩,饰带层层叠叠,尽力展示优雅和飘逸的风姿。

五、隋唐五代时期的服饰

隋朝于公元 589 年重新统一中国,秦汉时期的服饰制度也因此逐渐恢复。隋朝将日月、星辰等纹饰放回到皇帝的冕服上,从此"肩挑日月,背负星辰"成为后世历代帝王冕服的基本形式。公元 618 年,唐代建立。由于唐代国力强盛、疆域广大、政令统一、对外交流十分频繁、文化艺术空前繁荣,因此服饰文化呈现自信开放、雍容华贵、百美竞呈的局面。

隋唐时期,因政治和经济的稳定繁荣,服饰能上承历史服饰之源头,下启后世服饰制度之经道,所以这一时期成为中国传统服饰制度发展的重要历史时期。此时男子的常服为幞头、袍衫、穿长靿靴。但此时的袍衫与前朝略有不同,式样为圆领、右衽、窄袖、领袖裾无缘边。此外,还有襕袍衫和缺胯袍衫等式样。这一时期折袍衫受胡服影响与汉族的生活习惯和礼仪特点相结合,形成了独特的风格。

六、宋代的传统服饰

宋代的服饰,大体沿袭唐制,但在服装式样和名称上略有差异。宋代的缺胯袍衫式样有广袖大身和窄袖紧身两种,穿褙子和半臂的习惯极为普遍,但这些式样都不能作为礼服。总的来说,宋代的服饰比较拘谨保守,色彩也不及以前鲜艳,给人以质朴、洁净、淡雅之感,这与当时的社会状况,尤其是程朱理学有密切的关系。

宋朝"偃武修文"的基本国策,使程朱理学逐步居于统治地位,在这种思想的支配下,人们的美学观念也发生了变化。服饰开始崇尚俭朴,重视沿袭传统,朴素和理性成为宋朝服饰的主要特征。

宋朝的男服大体上沿袭唐代样式。一般百姓多穿交领或圆领的长袍,做事的时候就把衣服往上塞在腰带里,衣服则是黑白两种颜色。当时退休的官员、士大夫多穿一种叫作"直掇"的对襟长衫,袖子大大的,袖口、领口、衫角都镶有黑边,头上再戴一顶方桶形的帽子,叫作"东坡巾"。

宋代的女服是上身穿窄袖短衣,下身穿长裙,通常在上衣外面再穿一件对襟的长袖小褂子,很像现代的背心,褂子的领口和前襟都绣有漂亮的花边。

七、辽、金、元时期的服饰

辽、金、蒙古是与宋朝(分为南宋和北宋)并存的北方政权,也是由少数民族建立的政权,辽以契丹族为主,元则是以蒙古族为主。其服饰均与汉族传统服饰有明显的区别,带有本民族鲜明的服饰特征。这些服饰是对中国传统服饰文化的有益补充。

辽、金、元时期的服饰有一个共同的特点,就是既沿袭汉唐和宋代的礼服制度,又具有本民族的特色。辽、金男子的服饰多为圆领、广袖的缺胯袍,着长统靴或尖头靴,下穿裤,腰间束带。

元代男子的服饰有汉族的圆领、交领袍,也有本民族的质孙服,其形制与深衣类似,衣袖窄瘦,下裳较短,衣长至膝下,在腰间有无数褶裥,形如现今的百褶裙,在腰部还加有横襕。领型有右衽交领、方领和盘领。下穿小口裤,脚穿络缝靴。服色以白、蓝、赭为主。此外,元代服饰在质料上也发生了较大变化,由于棉花的广泛种植,棉布成为服饰的主要材料。

八、明代的传统服饰

公元1368年,明朝建国。为重新振兴社会经济,明朝政府采取了上承周汉、下取唐宋的治国方针。同时,明朝政府对整顿和恢复礼仪也极为重视,并根据汉族传统重新制定了服饰制度。在政治、经济、文化技术发展的前提下,明代的服饰面貌仪态端庄、气度宏美,成为中国近世纪服饰艺术的典范。

九、清代的传统服饰

清朝是由满族建立的政权,因满族人长期处于游牧生活和征战状态,所以紧身、简洁、便于骑射是其服饰文化的主要特征,这与汉族传统的服饰差异较大。清朝统治者一直对自己的民族服饰有着独特的理解,他们认为民族服饰不仅是传统,而且是他们屡战不败的重要原因,所以他们对民族服饰的继承和发展极为重视。清代服饰是中国历代服饰中最为庞杂和繁缛的,对近世纪的中国服饰影响较大。

十、民国时期的服饰

1911年,辛亥革命爆发,废除了帝制,建立了中华民国。民国成立以后,清代的服饰制度大部分被革除,传统服饰至此发生了整体上的变化,中西合璧的服饰或纯西式的服饰逐渐进入中国人的生活,"中山装"和"旗袍"成为这一时期的经典服装。

中山装因孙中山先生创导并率先穿着而得名。它综合了西式服装和中式服装的特点，曾被赋予革命及立国的含义，以衣服的结构寓意"礼、义、廉、耻""以文制国""五权分立"和"三民主义"（民族、民权、民生）等。封闭的衣领显示了"三省吾身"、严谨治身的理念。中山装穿起来收腰挺胸，舒适自然。中山装夏用白色，其他季节用黑色，外观轮廓端正，线条分明，有庄重的美感。

旗袍本是满族女子喜爱的服装，20世纪20年代以后，汉族女子也开始穿旗袍了。它经历了无数次的变化，终于成为具有独特民族风格的中国女性的主要服装。旗袍的流行，原因有二：一是简洁，二是具有东方神韵。旗袍加上高跟皮鞋的衬托，最能体现东方女性的优雅俊美。

第二节　中国传统饮食文化

远古人类"茹毛饮血"，食物都是生吃的。从利用自然火到人工取火，人类经历了漫长的过程。火的使用，为热食、熟食提供了条件。随着农业的产生和发展，中国传统先民的饮食逐步丰富，各式各样的食具也随之产生，从而形成了独特的中国传统饮食文化。

一、中国传统饮食的特征

中国传统饮食的特征有：地区差异显著，各具特色；以热食、熟食为主；为聚食制的饮食方式；重视饮食礼仪。

二、传统饮食的变迁

1. 新石器时代

新石器时代，人类开始了农业种植与畜牧业生产，食物来源既有野生的动植物，也有经过人工培育的稻、粟、黍等粮食作物和人工驯养的猪、羊、牛、鸡、犬等家畜。当时，人们对谷物粮食只能进行脱粒、碾碎等简单加工，食品加工则只有蒸、煮两种方法。另外，当时已经栽培的白菜、芥菜类蔬菜瓜果成为辅助食品，但主要是生吃或切碎蒸、煮后食用。肉食在整个食谱中占很大份额，对肉食的加工则多以较粗糙的切割和直接烧烤为主。

2. 夏、商、周时期

夏、商、周是中国饮食文化的成形时期。这一时期，以谷物、蔬菜为主食。粮食作物有麦、稻（或麻）、稷、黍、菽这"五谷"，蔬菜有芹、芥、韭、笋等20余种，瓜果有桃、李、枣、杏、梨、橘等数十种，家禽家畜有猪、马、牛、羊、犬、鸡这"六畜"。

周代时,随着石岜(磨)的普及,人们的饮食状况有了很大的改善,同时肉类的加工也更为考究。

孔子在《论语·乡党》中说:"食不厌精,脍不厌细。"

3. 秦汉至南北朝时期

秦汉至南北朝时期是中国饮食文化的丰富时期。随着西汉与西域的交流,西域大量食物种类被引入内地,大大丰富了这一时期人们的饮食生活。

西汉时期,淮南王刘安发明豆腐,使豆类的营养得以充分发挥。东汉时期,植物油出现,有杏仁油、奈实油、麻油等。南北朝以后,植物油的品种增加,产量也有所增加。

4. 隋唐时期

隋唐时期是中国传统饮食文化的成熟期。这一时期的烹饪分工细密,菜肴品种繁多。南方以稻米为主食,北方以面食为主食,"南米北面"的格局正式形成。同时,随着大运河的开通,北方食用稻米者渐多,但多为贵族。肉食则以牛、羊、猪、鸡等为主,鹿肉等野生动物被视为上乘美味。

5. 宋、辽、金、元时期

宋代,南北饮食习俗差异更为明显。

辽、金、元时期,更多少数民族的食物融入中原饮食文化。

蒙古人西征以及元朝时期以各种身份从波斯、中亚细亚和阿拉伯等地大批迁入或自愿东来的各族穆斯林,与当地民族融合成了元朝一个新的民族——回族,并与其他穆斯林民族共同创造和发展了中国的清真饮食文化。

6. 明清时期

明清时期是中国传统饮食文化的高峰期。这一时期,在唐宋食俗的基础上混入满蒙习俗,饮食结构有了很大变化。菰米已被彻底淘汰,麻子退出主食行列改用榨油,豆类不再作主食而成为菜肴,黄河流域小麦的种植比例大辐度增加,马铃薯、甘薯、玉米、番茄、辣椒、向日葵、花生、花菜等从美洲或南洋引进,"八大菜系"正式形成,"满汉全席"代表了清代饮食文化的最高水平。

三、传统饮品

中国传统的饮品主要有汤、酒、茶。

汤,在古代称为羹,比今天的汤浓,充当菜肴兼饮料,隋唐以后逐渐被今天所说的汤取代。

酒是古人最喜好的饮品。中国的酿酒历史十分久远,夏朝即开始用粮食酿酒。唐以后,烈性酒开始出现,中原葡萄酒酿造技术也已相当成熟。中国传统文化与酒的关系十分紧密。

茶具有兴奋、解倦等作用,是备受中国人喜爱的一种饮品。中国传统饮茶的习俗有一个发展的过程,唐朝人陆羽的《茶经》对推广、引导饮茶习俗功不可没。

四、古代炊食具

1. 新石器时代

新石器时代的炊食具基本是陶器,炊具主要有灶、鬲、甗、鬶、甑、釜、斝,食具主要有盆、盘、钵、罐、瓮、壶、瓶。

鬲   龙山文化白陶鬶

2. 商周时期

商周时期的炊食具在形态和功能上出现了分化。鼎、釜、盘、盆等继续使用并有所发展,鬶、甗被淘汰,簋、簠、敦、盂、盒、豆等器具出现,进食具箸(筷子)、匕类开始形成固定的组合与功能。

3. 秦汉至南北朝时期

秦汉至南北朝时期主要使用以灶为核心的复合烹饪器。灶的功能和形态多样化,既有日常不可移动的垒砌灶,又有专供温食、行军使用的小型金属灶;既有单火孔灶,又有多火孔灶。灶上所用炊具是釜和甑,盛食和进食的器具有碗、盘、盆、罐及勺、箸等。铁质炊食具替代了青铜炊食具,瓷器在汉代发展成熟并在魏晋时期大量进入炊食具领域。

4. 从隋唐到明清

食具中瓷器、金银器、漆木器都是技术与艺术的结合体。因此,这一时期的炊食具也就成了不同审美情趣和社会心态的表现手段。一日三餐的吃饭习惯在唐宋时期得到最终确立,以铁器为炊具,以瓷器为食具,至明清时期已成为一种普遍现象。

五、八大菜系

1. 鲁菜

鲁菜，即山东菜系。鲁菜以其味鲜咸脆嫩、风味独特、制作精细而享誉海内外。庖厨烹技全面，巧于用料，注重调味，适应面广。其中尤以"爆、烧、塌"等最具特色。

流派：由济南和胶东两种地方风味组成。

特点：味浓厚、嗜葱蒜，尤以烹制海鲜、汤菜和各种动物内脏见长。

代表菜：油爆大蛤、红烧海螺、糖酥鲤鱼等。

2. 川菜

川菜，即四川菜系。川菜是中国历史最悠久的地方菜系之一，其形成大致在秦始皇统一到三国鼎立之间。其基本味型包括麻、辣、甜、咸、酸、苦六种，经过精心的选料、切配和烹调，又形成了川菜的二十多种复合味型。

流派：有成都、重庆两个流派。

特点：以味多、味广、味厚、味浓著称，烹调手法上擅长小炒、小煎、干烧、干煸，此外川菜还讲究汤的制作及使用。

代表菜：宫保鸡丁、麻婆豆腐、鱼香肉丝、干烧鱼翅等。

3. 粤菜

粤菜，即广东菜系，是起步较晚的菜系，但它影响深远。港、澳以及世界各国的中菜馆，多数是以粤菜为主。粤菜注意吸取各菜系之长，形成多种烹饪形式，是具有自己独特风味的菜系。广州菜清而不淡，鲜而不俗，选料精当，品种多样，还兼容了许多西菜的做法，讲究菜的气势和档次。

流派：有广州、潮州、东江三个流派，以广州菜为代表。

特点：烹调方法突出煎、炸、烩、炖等，口味特点是爽、淡、脆、鲜。

代表菜：三蛇龙虎凤大会、烧乳猪、古老肉、冬瓜盅、盐焗鸡等。

4. 苏菜

苏菜，即江苏菜系，是中国长江中下游地区的著名菜系。烹饪界习惯将淮扬菜系所属的江苏地区菜肴称为江苏菜。江苏菜除淮扬菜外，还包括南京菜、苏锡菜和徐州菜等地方菜系。

流派：由扬州、苏州、南京地方菜发展而成。

特点：烹调技艺以炖、焖、煨著称，重视调汤，保持原汁。

代表菜：鸡汤煮干丝、清炖蟹粉狮子头、水晶肴蹄、鸭包鱼等。

5. 浙菜

浙菜,即浙江菜系。浙江盛产鱼虾,又是著名的风景旅游胜地,湖山清秀,山光水色,淡雅宜人,故其菜如景,不少名菜来自民间,制作精细,变化较多。

流派:由杭州、宁波、绍兴等地方菜构成,最负盛名的是杭州菜。

特点:鲜嫩软滑,香醇绵糯,清爽不腻,烹调技法擅长炒、炸、烩、溜、蒸、烧。

代表菜:龙井虾仁、西湖醋鱼、叫花鸡等。

6. 闽菜

闽菜,即福建菜系。闽菜起源于福建省闽候县。由于福建地处东南沿海,盛产多种海鲜,如海鳗、蛏子、鱿鱼、黄鱼、海参等,因此多以海鲜为原料烹制各式菜肴,别具风味。

流派:由福州、泉州、厦门等地发展而来,并以福州菜为代表。

特点:以海味为主要原料,注重甜酸咸香、色美味鲜,擅长炒、溜、煎、煨,尤以"糟"最具特色。

代表菜:雪花鸡、金寿福、烧片糟鸡、橘汁加吉鱼、太极明虾等。

7. 湘菜

湘菜,即湖南菜系,是由湘江流域、洞庭湖地区和湘西山区等地方菜发展而成,制作精细,用料广泛,品种繁多,特色是油多、色浓,讲究实惠。湘西菜擅长香、酸、辣,具有浓郁的山乡风味。

流派:湖南一带。

特点:注重香酥、酸辣、软嫩、麻辣、酸、辣、焦麻、香鲜,尤为酸辣居多。

代表菜:红煨鱼翅、冰糖湘莲、剁椒鱼头等。

8. 徽菜

徽菜菜系又称"徽帮""安徽风味"。徽菜的传统品种多达千种以上,烹饪技法包括刀工、火候和操作技术,三个因素互为补充,相得益彰。

流派:由皖南、沿江和沿淮地方风味构成,皖南菜是其主要代表。

特点:以火腿佐味,冰糖提鲜,擅长烧炖,讲究火工,擅长烧、炖、熏、蒸类功夫菜。

代表菜:葫芦鸭子、符离集烧鸡等。

第三节 中国传统建筑文化

中国是世界四大文明古国,有着悠久的历史。中国的劳动人民用自己的血汗和智慧创造了辉煌的中国传统建筑文明。中国传统建筑体系是世界上历史最悠久、体系最完整的建筑体系。无论是单体建筑还是院落组合,以及城市规划、园林布置等,中国传统建筑在世界建筑史中都处于领先地位。中国传统建筑完美地体现了"天人合一"的建筑思想。

世界建筑因其文化背景不同,由六大独立体系,即古代中国建筑、古代埃及建筑、古代西亚建筑、古代印度建筑、古代爱琴海建筑和古代美洲建筑共同构成。其中有些建筑类型或早已中断,或流传不广,成就和影响也就相对有限,只有古代中国建筑、古代西亚建筑和古代印度建筑作为世界三大古代建筑体系延续至今,其中中国建筑延续时代最长,影响范围最广,成就最为辉煌。

一、中国传统建筑的特点

中国传统建筑十分重视对中和、平易、含蓄而深沉的美学性格的追求,在其发展过程中,呈现以下七大特点。

1. 使用木材作为主要建筑材料

在中国传统建筑发展的过程中,木材始终作为主要的建筑材料,由此创造出了独特的木结构形式。以木材为骨架,既能达到实际的功能要求,又能创造出优美的建筑形体及相应的建筑风格。

2. 保持构架制原则

中国传统建筑以立柱和纵横梁枋组合成各种形式的梁架,使建筑物上部荷载经由梁架、立柱传递至基础。墙壁只起围护、分隔的作用,不承受荷载,即"墙倒屋不塌"。在构筑梁架的过程中,部件之间通过卯榫结构相互连接,不使用钉子等辅助用具。

3. 创造斗拱结构形式

用纵横相叠的短木和斗形方木相叠而成的向外挑悬的斗栱,这是中国传统木结构构造的巧妙形式。

4. 实行单体建筑标准化

中国传统的宫殿、寺庙、住宅等,往往由若干单体建筑结合配置成组群。无论单体建筑规模大小,其外观轮廓均由阶基、屋身、屋顶三部分组成。下面是由砖石砌筑的阶基,承托着整座房屋;立在阶基上的是屋身,由木制柱额作骨架,其间安装门窗隔扇;上面是用木结构屋架造的屋顶,屋面做成柔和雅致的曲线,四周均伸展到屋身以外,上面覆盖着青灰瓦或琉璃瓦。

5. 重视建筑组群平面布局

重视建筑组群平面布局,其原则是内向含蓄,多层次,力求均衡对称。除特定的建筑物,如城楼、钟鼓楼等外,单体建筑很少露出全部轮廓。每一个建筑组群少则一个庭院,多则几个或几十个庭院,组合多样,层次丰富,弥补了单体建筑定型化的不足。平面布局取左右对称的原则,房屋在四周,中心为庭院。组合形式均根据中轴线发展,唯有园林的平面布局采用自由变化的原则。

6. 灵活安排空间布局

室内间隔采用槅扇、门、罩、屏等便于安装、拆卸的活动构筑物,能任意划分,随时改变。庭院一方面与室内空间组成统一体,另一方面又为建筑创造了自然的环境,其中可栽培树木花卉,可叠山辟池,可搭凉棚花架,有的还建有走廊作为室内和室外空间的过渡,以增添生活情趣。

7. 运用彩色装饰手段

木结构建筑的梁柱框架,需要在木材表面施加油漆等防腐措施,由此发展成中国特有的建筑油饰和彩画。常用青、绿、朱等矿物颜料绘成色彩绚丽的图案,增加建筑物的美感。以木材构成的装修构件,加上着色的浮雕贴花和木条拼镶成的各种菱花格子,是实用兼装饰的杰作。北魏以后出现的五彩缤纷的琉璃屋顶、牌坊、照壁等,使建筑灿烂多彩、晶莹辉煌。

二、中国传统建筑的分类

中国传统建筑根据建筑形制的不同,可以分为殿堂、楼阁、亭、廊、台榭、寺、庙、坛、塔、影壁和阙坊表十一类。

1. 殿堂

殿堂,即中国传统建筑群中的主体建筑,包括殿和堂两类建筑形式,其中殿为宫室、礼制和宗教建筑所专用。堂、殿之称均出现于周代。"堂"字出现较早,是相对内室而言,指建筑物前部对外敞开的部分。堂的左右有序、有夹,室的两旁有房、有厢。这样的一组建筑统称为堂,泛指天子、诸侯、大夫、士的居处建筑。"殿"字出现较晚,原是指后部高起的建筑物,表示其形体高大、地位显著。自汉代以后,堂一般指衙署和宅第中的主要建筑,但宫殿、寺观中的次要建筑也可称堂,如南北朝宫殿中的"东西堂"指佛寺中的讲堂、斋堂等。殿和堂都可分为台阶、屋身、屋顶三个基本部分。其中,台阶和屋顶形成了中国建筑最明显的外观特征。因受封建等级制度的制约,殿和堂在形式、构造上都有区别。殿和堂在台阶上的区别出现较早。堂只有阶,殿不仅有阶,还有陛,即除了本身的台基之外,下面还有一个高大的台子作底座,由长长的陛级联系上下。殿一般位于宫室、庙宇、皇家园林等建筑群的中心或主要轴线上,其平面多为矩形,也有方形、圆形、工字形等。殿的空间和构件的尺度往往较大,装修做法比较讲究。堂一般作为府邸、衙署、宅院、园林中的主体建筑,其平面形式多样,体量比较适中,结构做法和装饰材料等也比较简洁,且往往表现出更多的地方特征。

2. 楼阁

楼阁,即中国传统建筑中的多层建筑物。楼与阁在早期是有区别的。楼是指重屋,阁是指下部架空、底层高悬的建筑。阁一般平面近方形,两层,有平坐,在建筑组群中可居主要位置,如佛寺中有以阁为主体的,天津市蓟县独乐寺观音阁即为一例。楼则多狭而修曲,在建筑组群中常居于次要位置,如佛寺中的藏经楼,王府中的后楼、厢楼等,处于建筑组群的最后一列或左右厢位置。后世"楼阁"二字互通,无严格区分。古代楼阁有多种建筑形式和用途。城楼在战国时期已经出现,汉代城楼高达三层。阙楼、市楼、望楼等都是汉代应用较多的楼阁形式。汉代皇帝崇信神仙方术之说,认为建造高峻楼阁可以会仙人。佛教传入中国后,大量修建的佛塔建筑也是一种楼阁。北魏洛阳永宁寺木塔,高 40 余丈,百里之外即可遥见;建于辽代的山西省应县佛宫寺的释迦塔高 67.31 米,是中国现存最高的古代木构建筑。可以登高望远的风景游览建筑往往也以楼阁为名,如湖北省武汉市的黄鹤楼、江西省南昌市的滕王阁等。中国传统楼阁多为木结构,有多种构架形式。以方木相交叠垒成井栏形状而构成高楼,这种形式称为井栏式;将单层建筑逐层重叠而构成整座建筑,这种形式称为重屋式;唐宋以来,在层间增设平台结构层,其内檐形成暗层和楼面,其外檐挑出成为挑台,这种形式称为密檐式;明清以来的楼阁构架,将各层木柱相续成为通长的柱材,与梁枋交搭成为整体框架,这种形式称为通柱式。此外,还有其他变异的楼阁构架形式。

3. 亭

亭,即中国传统建筑中周围开敞的小型点式建筑,供人停留、观览,也用于典仪,俗称"亭子",出现于南北朝中后期。"亭"又指古代基层行政机构,兼设有旅舍形式。亭一般设置在可供停息、观眺的形胜之地,如山冈、水边、城头、桥上及园林中。还有专门用途的亭,如碑亭、井亭、宰牲亭、钟亭等。亭的平面形式除方形、矩形、圆形、多边形外,还有十字、连环、梅花、扇形等多种形式。亭的屋顶有攒尖、歇山、锥形及其他复合体形式。大型的亭可筑重檐,或四面加抱厦。陵墓、宗庙中的碑亭、井亭可以做得很庄重,如明长陵的碑亭;大型的亭可以做得雄伟壮观,如北京景山的万春亭;小型的亭可以做得轻巧雅致,如杭州三潭印月的三角亭。亭的不同形式,可以产生不同的艺术效果。亭的结构以木构最多,也有用砖石砌造的。亭多做攒尖顶和圆锥形顶,四角攒尖顶在汉代已出现,八角攒尖顶和圆锥形顶在唐代明器中已有发现。宋《营造法式》中所载的"亭榭斗尖"是类似伞架的结构,这种形式可以在清代南方的园林中见到。明清之后,方亭多用抹角梁;多角攒尖亭多用扒梁,逐层叠起;矩形亭的构造基本与房屋建筑相同。

4. 廊

廊,即中国传统建筑中有顶的通道,包括回廊和游廊,基本功能为遮阳、防雨和供人小憩。廊是中国传统建筑外形特点的重要组成部分。殿堂檐下的廊,作为室内外的过渡空间,是构成建筑物造型上虚实变化和韵律感的重要手段。围合庭院的回廊对庭院空间的格局、体量的美化起重要作用,并能造成庄重、活泼、开敞、深沉、闭塞、连通等不同效果。园林中的游廊则主要起划分景区、造成多种多样的空间变化、增加景深、引导最佳观赏路线等作用。在廊的细部常配有几何纹样的栏杆、坐凳、鹅项椅(又称美人靠或吴王靠)、挂落、彩画,隔墙上常饰以什锦灯窗、漏窗、月洞门、瓶门等装饰性建筑构件。

5. 台榭

台榭,即中国传统建筑中在地面上夯土高墩和在台上木构房屋的总称。最早的台榭只是在夯土台上建造的有柱无壁、规模不大的敞厅,供眺望、宴饮、行射之用,有时也具有防潮和防御的功能。台榭遗址颇多,著名的有春秋晋都新田遗址、战国燕下都遗址、邯郸赵国故城遗址、秦咸阳宫遗址等,这些遗址中都保留有巨大的阶梯状夯土台。榭还指四面敞开的较大的房屋。唐以后又将临水的或建在水中的建筑物称为水榭,但已经不同于台榭这一建筑类型。

6. 寺

寺,即宗教建筑。最初将朝廷官署称为"寺",如"大理寺""太常寺"等。西汉建立"三公九卿制",三公的官署称为"府",九卿的官署称之"寺",即所谓的"三府九寺"。九卿中有鸿胪卿,职掌布达皇命,应对宾客,其官署称"鸿胪寺"。东汉明帝时,天竺僧人以白马驮经东来,最初就住在洛阳"鸿胪寺"。后来鸿胪寺改建,取名"白马寺",于是寺就成了僧人住所的通称。隋唐以后,寺作为官署越来越少。随着佛教的兴盛,寺逐步成为中国佛教建筑的专用名词。

7. 庙

庙,即中国传统祭祀建筑。庙的建筑形制要求肃穆整齐,大致可分为以下三类。

（1）祭祀祖先的庙

中国传统帝王、诸侯等奉祀祖先的建筑称宗庙。帝王的宗庙称太庙,是等级最高的建筑,庙制历代不同。贵族、显宦、世家大族奉祀祖先的建筑称家庙或宗祠,仿照太庙方位,设于宅第东侧,规模不一,其中有的宗祠附设义学、义仓、戏楼,功能超出了祭祀范围。

（2）奉祀圣贤的庙

奉祀圣贤的庙中最著名的是奉祀孔丘的孔庙,又称"文庙"。孔丘被奉为儒家之祖,汉以后历代帝王多崇奉儒学,故奉祀孔丘的孔庙颇多,其中以山东省曲阜市的孔庙规模最大。奉祀三国时代名将关羽的庙称"关帝庙",又称"武庙",有些地方建"三义庙",合祀刘备、关羽、张飞。许多地方还奉祀名臣、先贤、义士、节烈等。例如,河南省南阳市和四川省成都市奉祀三国著名政治家诸葛亮的"武侯祠",河南省汤阴县和浙江省杭州市奉祀南宋民族英雄岳飞的"岳飞庙"和"岳王庙"。

（3）祭祀山川、神灵的庙。

中国从古代起就崇拜天、地、山、川等自然物并设庙奉祀,最著名的是奉祀五岳——嵩山、泰山、华山、衡山、恒山的神庙,其中中岳嵩山的中岳庙和东岳泰山的岱庙规模最为宏大。还有大量源于各种宗教和民间习俗的祭祀建筑,如城隍庙、土地庙、龙王庙、财神庙等。

8. 坛

坛,即中国传统主要用于祭祀天、地、社稷等活动的台型建筑,如北京城内外的天坛、地坛、日坛、月坛、祈谷坛、社稷坛等。坛既是祭祀建筑的主体,也是整组建筑群的总称。坛的形式多以阴阳五行等学说为依据。例如,天坛、地坛的主体建筑分别采用圆形和方形,来源于天圆地方之说;天坛所用石料的件数和尺寸都为奇数,是源自古人以天为阳性和以奇数代表阳性的说法。又如,祈年殿有三重檐,分别覆以三种颜色的琉璃瓦,上檐青色象征青天,中檐黄色象征土地,下檐绿色象征万物。至乾隆十六年改三层均为蓝色,以合专以祭天之意。

9. 塔

塔,即安葬佛舍利（佛骨）、僧人遗体或收藏佛像、佛经等佛教物品的单层或多层式建筑,又称"佛塔""宝塔"。塔起源于印度,又名"佛图""浮屠""浮图"等。塔是中国传统建筑中数量极大、形式最为多样的一种建筑类型,一般由地宫、塔基、塔身、塔顶和塔刹组成。

10. 影壁

影壁,即建在院落的大门内或大门外,与大门相对作屏障用的墙壁,又称照壁、照墙。影壁能在大门内或大门外形成一个与街巷既连通又有限隔的过渡空间。明清时代,影壁从形式上分有一字形、八字形等。北京大型住宅大门外两侧多用八字墙,与街对面的八字形影壁相对,在门前形成一个略宽于街道的空间;门内用一字形影壁,与左右的墙和屏门组成一方形小院,成为从街巷进入住宅的两个过渡。南方住宅影壁多建在门外。农村住宅影壁还有用夯土或土坯砌筑的,上加瓦顶。宫殿、寺庙的影壁多用琉璃镶砌。明清宫殿、寺庙、衙署和第宅均有影壁。著名的山西省大同市的九龙壁是明太祖朱元璋之子朱桂的代王府前的琉璃影壁,北京市北海和紫禁城中的九龙壁也很有名。

11. 阙坊表

阙坊表,即中国传统的具有表彰、纪念、导向或标志作用的建筑物,包括牌坊、华表、阙等。

阙,又称"两观""象魏",在中国古建筑中是一种特殊的类型,其发展变化很大。现存的地面古建筑中以阙最早,汉代的地面古建筑除一两处石祠外,其他都为阙。阙一般有台基、阙身、屋顶三部分。

坊,又称牌坊、牌楼,是一种只有单排立柱,起划分或控制空间作用的建筑。在单排立柱上加额枋等构件而不加屋顶的称为牌坊,上施屋顶的称为牌楼,立柱上端高出屋顶的称为冲天牌楼。牌楼建立于离宫、苑囿、寺观、陵墓等大型建筑组群的入口处;冲天牌楼则多建立在城镇街衢的要冲处,如大路起点、十字路口、桥的两端以及商店的门面。前者成为建筑组群的前奏,造成庄严、肃穆、深邃的气氛,对主体建筑起陪衬作用;后者则起丰富街景、标志位置的作用。江南有些城镇跨街连建多座牌坊,多为"旌表功名"或"表彰节孝"之用。山林风景区也多在山道上建牌坊,这既是寺观的前奏,又是山路进程的标志。

表,又称望柱、华表,为成对的立柱,起标志或纪念作用,汉代称"桓表"。元代以前,华表主要为木制,上插十字形木板,顶上立白鹤,多设于路口、桥头和衙署前。明代以后,华表多为石制,下有须弥座,石柱上端为一雕云纹石板,称"云板",柱顶上原为立鹤后改用蹲兽,俗称"朝天吼",华表四周围以石栏,华表和栏杆上遍施精美浮雕。明清时,华表主要立于宫殿、陵墓前,个别立于桥头,如北京卢沟华表。明永乐年间所建北京天安门前和十三陵碑亭四周的华表是现存的典型。

第四节 中国传统节日及风俗

一、汉族传统节日及风俗

目前,我国汉族的传统节日主要有春节、元宵节、清明节、端午节、七夕节、中元节(鬼节)、中秋节、重阳节、寒衣节、冬至节、腊八节等。

1. 春节

春节是农历正月初一,又叫阴历年,俗称"过年"。关于春节的来历,有多种说法,"熬年守岁"这一说法最为普遍。守岁,就是在旧年的最后一天熬夜迎接新一年的到来的风俗,也叫除夕守岁,俗称"熬年"。传说太古时期有一种凶猛的怪兽,散居在深山密林中,人们管它们叫"年"。"年"的形貌狰狞,生性凶残,专食飞禽走兽、鳞介虫豸,且一天换一种口味,所以人人谈"年"色变。后来,人们慢慢掌握了"年"的活动规律。它每隔365天到人群聚居的地方尝一次鲜,且出没的时间是在天黑以后,而等到鸡鸣破晓,它们便返回山林中去了。算准了"年"肆虐的日期,百姓们便把这可怕的一夜视为关口来煞,称作"年关",并且想出了一整套度过年关的办法。每到这一天晚上,每家每户都提前做好晚饭,熄火净灶,再把鸡圈牛栏全部拴牢,把宅院的前后门都封住,躲在屋里吃"年夜饭"。由于这顿晚餐具有凶吉未卜的意味,所以必须置办得很丰盛。除了要全家老小围在一起用餐表示和睦团圆外,还需在吃饭前先供祭祖先,祈求祖先的神灵保佑,以平安地度过这一夜。吃过晚饭后,谁都不敢睡觉,便挤坐在一起闲聊壮胆,之后就逐渐形成了除夕"熬年守岁"的习惯。

我国一直沿用的农历是以月亮圆缺的周期为"月",将一年划分为十二个月,每月以不见月亮的那天为"朔",正月朔日的子时称为岁首,即一年的开始,也叫"年"。古时的正月初一被称为"元旦",直到中国近代辛亥革命胜利后,南京临时政府为了顺应农时和便于统计,规定在民间使用夏历,在政府机关、厂矿、学校和团体中实行公历,以公历的元月一日为元旦,农历的正月初一为春节。春节是民间最隆重、最热闹的一个传统节日,它也是汉族最重要的节日。满、蒙古、瑶、壮、白、高山、赫哲、哈尼、达斡尔、侗、黎等十几个少数民族也有过春节的习俗,只是过节的形式更有自己的民族特色。在千百年的历史发展中,形成了一些较为固定的庆祝春节的风俗习惯,有许多沿袭至今。过年的前一夜,就是旧年的腊月三十夜,称为"除夕",又称"团圆夜",在这新旧交替之时,"守岁"是最重要的年俗活动之一。除夕晚上,全家老小都一起熬年守岁,欢聚酣饮,共享天伦之乐。北方地区在除夕有吃饺子的习俗,南方地区则有吃年糕的习惯,甜甜黏黏的年糕象征新的一年生活甜蜜。大年初二开始走亲戚看朋友,相互拜年,道贺祝福,有的地方还举行拜庙、祭祖等活动。一些地方的街市上还有舞狮子、耍龙灯、演社火、游花市、逛庙会等习俗。一直要到正月十五元宵节过后,春节才算真正结束。在春节期间还有以下风俗。

（1）送灶神

民间腊月二十三日为祭灶日,俗称"过小年",亦称"小年"、"小年节"。这天百姓送灶神上天言事,因此又称送灶、辞灶。百姓希望灶神能够"上天言好事,下界保平安",因此供品也十分有特色,主要有猪头、鱼、豆沙、瓜、果、水饺、麦芽糖和关东糖等,其中以甜食为主,以便封住灶神的嘴。随着社会的不断发展,城市里这一风俗习惯已逐渐消失,人们也只是在小年这一天燃放鞭炮来送灶神,但送灶神的风俗在广大农村至今仍保存得很完整。

（2）贴春联

春联也称门对、春贴、对联、对子、桃符等，它以工整、对偶、简洁、精巧的文字表达人们的美好愿望。春联的"春"字表达了民间百姓对新年寄予的希望，春天意味着万物复苏、农业生产的新开始，体现了在中国传统农耕文化中春天的重要性。贴春联这一习俗起于宋代，王安石的《元日》就有"千门万户曈曈日，总把新桃换旧符"的诗句，该风俗一直流传至今。春联的种类比较多，依其使用场所，可分为门心、框对、横披、春条、斗方等。"门心"贴于门板上端中心部位；"框对"贴于左右两个门框上；"横披"贴于门楣的横木上；"春条"也要根据不同的内容，贴于相应的地方；"斗斤"也称"门叶"，为正方菱形，多贴在家具、影壁上。每逢春节来临之际，家家户户都会贴春联，期盼来年行好运。

送灶神

贴春联

（3）贴窗花和倒贴"福"字

新春佳节时，许多地区的人们还喜欢在窗户上贴各种剪纸。剪纸在我国是一种很普及的民间艺术，千百年来深受人们的喜爱，因其大多是贴在窗户上的，所以也被称为"窗花"。窗花的内容多种多样，有广为流传的民间故事，也有各类人物和动物的图案，象征吉祥幸福。在贴春联的同时，一些人家要在屋门上、墙壁上、门楣上贴上大大小小的"福"字。春节贴"福"字，是我国民间由来已久的风俗，"福"字寄托了人们对幸福生活的向往，对美好未来的祝愿。为了更充分地体现这种向往和祝愿，有人干脆将"福"字倒过来贴，表示福气已到。还有许多人将"福"字精描细做成各种图案，图案有寿桃、寿星、鲤鱼跳龙门、五谷丰登、龙凤呈祥等，以增添喜庆气氛。

窗花纸样

倒贴"福"字

（4）贴年画

年画是我国一种古老的民间艺术,起源于"门神"。门神是道教因袭民俗所奉的司门之神。民间信奉门神,由来已久。《礼记·祭法》云:"庶士、庶人立一祀,或立户,或立灶。"可见在民间,门神和灶神信仰有悠久的历史。门神分为三类,即文门神、武门神和祈福门神。文门神即画一些身着朝服的文官,如天官、仙童、刘海蟾等;武门神即武官形象,如秦琼、尉迟恭等;祈福门神则为福、禄、寿三星。随着雕版印刷术的兴起,年画的内容已不仅限于门神之类单调的主题,而变得丰富多彩。在一些年画作坊中产生了《连年有余》《福禄寿三星图》《天官赐福》《五谷丰登》《六畜兴旺》《迎春接福》等精美的彩色年画,以满足人们喜庆祈年的美好愿望。在民间流传最广的是一幅《老鼠娶亲》的年画,描绘的是老鼠依照人间的风俗迎娶新娘的有趣场面。

年画《连年有余》

年画《老鼠娶亲》

民国初年，上海的郑曼陀将月历和年画二者结合起来，这是年画的一种新形式，这种合二而一的年画，以后逐渐发展成挂历，对现今社会产生了深远的影响。

2. 元宵节

每年农历的正月十五日，春节刚过，迎来的就是元宵节。古人称夜为"宵"，所以称正月十五为元宵节。正月十五日是一年中第一个月圆之夜，也是一元复始、大地回春的夜晚，人们对此加以庆祝,也是庆贺新春的延续。元宵节又称"上元节",按中国民间的传统,在这一天人们要出门赏月、燃灯放焰、喜猜灯谜、共吃元宵,合家团聚、同庆佳节,并点起万盏彩灯,以示庆贺。元宵燃灯的风俗起自汉代,到了唐代兴盛起来。宋代的赏灯活动更加热闹,赏灯活动要进行 5 天,灯的样式也更丰富。"猜灯谜"又称"打灯谜",是元宵节后的一项活动,出现在宋代。南宋时,首都临安每逢元宵节,制谜、猜谜的人众多。开始是好事者把谜语写在纸条上,贴在五光十色的彩灯上供人猜,因为谜语能启迪智慧又饶有兴趣,所以深受社会各阶层的欢迎。明代要连续赏灯 10 天,这是中国最长的灯节。清代赏灯活动虽然只有 3 天,但是赏灯活动规模很大,盛况空前。除燃灯外,还放烟花助兴。民间过元宵节还有吃元宵的风俗。元宵由糯米制成,或实心,或带馅,馅有豆沙、山楂等各类果料,食用时煮、煎、蒸、炸皆可。起初,人们把这种食物称作"浮圆子",后来又称"汤团"或"汤圆",这些名称与"团圆"字音相近,取团圆之意,象征全家人团团圆圆、和睦幸福。随着时间的推移,元宵节的活动越来越多,不少地方节庆时增加了耍龙灯、舞狮子、踩高跷、划旱船、扭秧歌、打太平鼓等传统民俗表演。

猜灯谜

汤圆

3. 清明节

清明是我国的二十四节气之一。由于二十四节气比较客观地反映了一年四季气温、降雨、物候等方面的变化,所以古代劳动人民用它来安排农事活动。《淮南子·天文训》云:"春分后十五日,斗指乙,则清明风至。"按《岁时百问》的说法:"万物生长此时,皆清洁而明净,故谓之清明。"清明一到,气温升高,雨量增多,正是春耕春种的大好时节,故有"清明前后,点瓜种豆""植树造林,莫过清明"等农谚,可见这一节气与农业生产有着密切的关系。但清明作为节日,与纯粹的节气又有所不同,它是最重要的祭祀节日,是祭祖和扫墓的日子。汉族和一些少数民族大多是在清明节扫墓。我国传统的清明节大约始于周代,距今已有2 500多年的历史。后来,由于清明与寒食的日子接近,而寒食是民间禁火、扫墓的日子,渐渐地寒食与清明就合二为一了,而寒食既成为清明的别称,也变成清明时节的一个风俗。

清明节除讲究禁火、扫墓外,还有荡秋千、蹴鞠、踏青、放风筝等一系列风俗体育活动。

（1）荡秋千

荡秋千是我国古代清明节的习俗。秋千的历史很古老,最早叫"千秋",后为了避开忌讳,改为"秋千"。古时的秋千多用树桠枝为架,再栓上彩带做成,后来逐步发展为用两根绳索加上踏板的秋千。

（2）蹴鞠

鞠是一种皮球,球皮用皮革做成,球内用毛塞紧。蹴鞠,就是用足去踢球,这是古代清明节人们喜爱的一种游戏。相传蹴鞠是黄帝发明的,最初的目的是用来训练武士。

蹴鞠

（3）踏青

踏青又称"春游"，古时又叫"探春"、"寻春"等。三月清明，春回大地，自然界到处呈现一派生机勃勃的景象，正是郊游的大好时光。我国民间长期保持着清明踏青的习惯。

（4）放风筝

放风筝也是清明时节人们喜爱的一项活动。每逢清明，人们不仅白天放，夜间也放。过去，有的人把风筝放到高空后，便剪断牵线，任凭清风把它们送往天涯海角，据说这样能除病消灾，给自己带来好运。

放风筝

4. 端午节

农历五月初五,是中国民间的传统节日——端午节,端午也称"端阳"。此外,端午节还有许多别称,如午日节、重五节、五月节、浴兰节、女儿节、龙日等,虽然名称不同,但总体上讲过节的风俗习惯同多于异。过端午节是我国 2 000 多年来的传统习惯,由于我国地域广大、民族众多,因此各地都有不尽相同的风俗。端午节活动主要有女儿回娘家、挂钟馗像、迎鬼船、躲午、悬挂菖蒲、艾草、游百病、佩香囊、赛龙舟、比武、击球、荡秋千、给小孩涂雄黄、饮用雄黄酒和菖蒲酒,吃五毒饼、咸蛋、粽子和时令鲜果等等。

关于端午节的由来,说法甚多,诸如纪念屈原说、纪念伍子胥说、纪念曹娥说、吴越民族图腾祭说等。农历五月已到湿热之时,蛇虫鼠蚁较多,由于儿童抵抗力较差,再加上古代的科技水平有限,所以在端午节来临时会给小孩穿五毒背心,戴五色线,以起辟邪的作用。在五月端午这天,人们还会赶早买艾草挂于家门之上,用来驱赶蚊蝇。中国民众普遍把端午节的龙舟竞渡和吃粽子等与纪念屈原联系在一起。我国民间过端午节是较为隆重的,庆祝的活动也是各种各样的,比较普遍的活动形式有以下几种。

（1）赛龙舟

赛龙舟,是端午节的主要风俗活动。相传,古时楚国人因舍不得贤臣屈原投江死去,许多人划船追赶拯救,他们争先恐后,追至洞庭湖时仍不见踪迹,之后每年五月五日便划龙舟以纪念他。人们借划龙舟驱散江中之鱼,以免鱼吃掉屈原的身体。竞渡之习,盛行于吴、越、楚。我国南方不少临江河湖海的地区,每年端午节都要举行富有特色的龙舟竞赛活动。清乾隆二十九年（1764 年）,台湾开始举行龙舟竞渡,当时台湾知府蒋元君曾在台南清华寺半月池主持友谊赛。现在台湾每年五月五日都举行龙舟竞赛,香港也有此项活动,此外划龙舟活动还先后传入日本、越南英国等国家。

赛龙舟

（2）端午食粽

端午节吃粽子，是民间的又一传统风俗。粽子，又叫"角黍""筒粽"，由来已久，花样繁多。据记载，早在春秋时期，人们就用菰叶（茭白叶）包黍米成牛角状，称其为"角黍"，或用竹筒装米密封烤熟，称其为"筒粽"。晋代，粽子被正式定为端午节食品，这时包粽子的原料除糯米外，还添加中药益智仁，因此煮熟的粽子被称为"益智粽"。时人周处《岳阳风土记》记载："俗以菰叶裹黍米，……煮之，合烂熟，于五月五日至夏至啖之，一名粽，一名黍。"南北朝时期，出现杂粽，米中掺杂肉类、板栗、红枣、赤豆等，品种增多。到了唐代，粽子的用米已"白莹如玉"，出现锥形、菱形等形状。宋朝时，已有"蜜饯粽"，即果品入粽，诗人苏东坡有"时于粽里见杨梅"的诗句。元明时期，粽子的包裹料已从菰叶发展为箬叶，后来又出现了用芦苇叶包的粽子，料中出现豆沙、猪肉、松子仁、枣子、胡桃等，品种更加丰富多彩。一直到今天，每年五月初，中国百姓家家都要浸糯米、洗粽叶、包粽子，其花色品种更多。从馅料看，北方多为枣粽；南方则有豆沙、鲜肉、火腿、蛋黄等多种馅料，其中以浙江嘉兴粽子为代表。

粽子

5. 七夕节

农历七月初七即人们俗称的"七夕节"，也有人称为"乞巧节"或"女儿节"，这是中国传统节日中最具浪漫色彩的一个节日，也是过去姑娘们最为重视的日子。传说在七夕的夜晚，抬头可以看到牛郎织女在银河相会。东晋葛洪的《西京杂记》有"汉彩女常以七月七日穿七孔针于开襟楼，人俱习之"的记载。七夕节最普遍的习俗，就是妇女们在七月初七夜晚进行各种乞巧活动。古代七夕乞巧相当隆重，乞巧的方式大多是姑娘们穿针引线验巧，做些小物品赛巧，摆上些瓜果乞巧。各个地区的乞巧方式不尽相同，各有趣味。

如今浙江各地仍有类似的乞巧习俗。例如,杭州、宁波、温州等地,在这一天,妇女们会用面粉制作各种小型物件,用油煎炸后称为"巧果",晚上在庭院内陈列巧果、莲蓬、白藕、红菱等,然后对月穿针祈求织女能赐以巧技;或者捕蜘蛛一只放在盒中,第二天开盒如已结网称为得巧。为了表达人们希望牛郎织女能天天过上幸福生活的愿望,在浙江金华一带,七月七日家家都要杀一只鸡,意为这夜牛郎织女相会,若无公鸡报晓,他们便能永远不分开。

牛郎织女相会

广州的乞巧节独具特色,节日到来之前,姑娘们就预先将备好的彩纸、通草、线绳等编制成各种奇巧的小玩意,还将谷种和绿豆放入小盒中用水浸泡,使其发芽,待芽长到二寸多长时用来拜神,称为"拜仙禾"和"拜神菜"。从初六晚开始至初七晚,一连两晚,姑娘们穿上新衣服,戴上新首饰,一切都安排好后,便焚香点烛,对星空跪拜,称为"迎仙",自三更至五更要连拜七次。拜仙之后,姑娘们手执彩线对着灯影将线穿过针孔,如一口气能穿七枚针孔者为得巧,被称为巧手;若穿不到七个针孔则为输巧。七夕之后,姑娘们将所制作的小工艺品、玩具互相赠送,以示友情。

6. 中元节

旧历七月十五日为中元节,与正月十五日的上元节(元宵节)和十月十五日的下元节(食寒食,以纪念祖先)同为传统节日,但佛教和道教对这个节日有不同的解释。道教着重于为那些从阴间放出来的无主孤魂"普渡",佛教则强调孝道。道教认为,"三元"是"三官"的别称,上元节又称"上元天官节",是上元赐福天官紫微大帝的诞辰;中元节又称

"中元地官节",是中元赦罪地官清虚大帝的诞辰;下元节又称"下元水官节",是下元解厄水官洞阴大帝的诞辰。道教《太上三官经》云:"天官赐福,地官赦罪,水官解厄""一切众生皆是天、地、水官统摄"。中元节时,道教官观(如北京地安门火神庙、西便门外白云观)为了祈祷"风调雨顺、国泰民安",照例要举办"祈福吉祥道场",佛教徒在这一天要举行盛大的盂兰盆会,也称盂兰盆斋、盂兰盆供。

七月十五日祭奠亡人,最隆重的活动就是放河灯。古时民家习惯用木板加五色纸做成各色彩灯,内点蜡烛,有的人家还要在灯上写明亡人的名讳、商行等;官宦有钱人家则习惯做一只五彩水底纸船,称为大法船,希望能将一切亡灵超度到理想的彼岸世界。

中元节放河灯

七月十五日,民间还盛行祭祀土地和庄稼。百姓将供品撒进田地,烧纸以后,再用剪成碎条的五色纸缠绕在农作物的穗子上,传说可以避免冰雹袭击,获得秋季大丰收。一些地方同时还要到后土庙进行祭祀,山西定襄县的民俗则是将麻、谷悬挂于门首。

7. 中秋节

中秋节有悠久的历史,和其他传统节日一样,也是慢慢发展形成的。古代帝王有春天祭日、秋天祭月的礼制,早在《周礼》一书中就有"中秋"一词的记载,后来贵族和文人学士也仿效起来,在中秋时节观赏祭拜,寄托情怀。这种习俗就这样传到民间,形成了一个传统活动。到了唐代,这种祭月的风俗更为人们所重视,中秋节才成为固定的节日,《唐书·太宗纪》中有"八月十五中秋节"的记载。这个节日盛行于宋代,至明清时已与"元旦"齐名,成为我国的主要节日之一,也是我国仅次于春节的第二大传统节日。

根据我国的历法,农历八月在秋季中间,为秋季的第二个月,称为"仲秋",而八月十五日又在"仲秋"之中,所以称"中秋"。中秋节有许多别称,因节期在八月十五日,所以称"八月节""八月半";因中秋节的主要活动都是围绕"月"进行的,所以又俗称"月节""月夕";因中秋节月亮圆满,象征团圆,所以又称"团圆节"。在唐朝,中秋节还被称为"端正月"。关于"团圆节"的记载最早见于明代,《西湖游览志余》中说:"八月十五谓中秋,民间以月饼相送,取团圆之意。"《帝京景物略》中也说:"八月十五祭月,其饼必圆,分瓜必牙错,瓣刻如莲花。其有妇归宁者,是日必返夫家,曰团圆节。"中秋晚上,我国大部分地区还有烙"团圆"的习俗,即烙一种象征团圆的类似于月饼的小饼子,饼内包糖、芝麻、桂花和蔬菜等,外面有月亮、桂树、兔子等图案。祭月之后,由家中长者将饼按人数分切成块,每人一块,如果有人不在家也要为其留下一份,表示合家团圆。

在中秋节,民间通常有以下风俗。

（1）赏月

在中秋节,我国自古有赏月的风俗,《礼记》中就记载有"秋暮夕月",即祭拜月神。到了周代,每逢中秋夜都要举行迎寒和祭月活动,设大香案,摆上月饼、西瓜、苹果、李子、葡萄等时令水果,其中月饼和西瓜是绝对不能少的,西瓜还要切成莲花状。在唐代,中秋赏月、玩月颇为盛行。在宋代,中秋赏月之风更盛,据《东京梦华录》记载:"中秋夜,贵家结饰台榭,民间争占酒楼玩月",每逢这一日,京城的所有店家、酒楼都要重新装饰门面,牌楼上扎绸挂彩,出售新鲜佳果和精制食品。夜市热闹非凡,百姓们多登上楼台赏月,一些富户人家在自己的楼台亭阁上赏月,并摆上食品或安排家宴,团圆子女,共同赏月叙谈。明清以后,中秋节赏月风俗依旧,许多地方形成了烧斗香、树中秋、点塔灯、放天灯、走月亮、舞火龙等特殊风俗。

放天灯

（2）吃月饼

我国城乡群众过中秋都有吃月饼的习俗,月饼最初是用来祭奉月神的祭品。"月饼"一词,最早见于南宋吴自牧的《梦粱录》中,那时它只是种像菱花饼一样的饼形食品。后来,人们逐渐把中秋赏月与品尝月饼结合在一起,寓意家人团圆。月饼最初是在家庭中制作的,清代袁枚在《随园食单》中就记载有月饼的做法。到了近代,有了专门制作月饼的作坊,月饼的制作越来越精细,馅料考究,外形美观,在月饼的表面还印有各种精美的图案。

月饼

（3）其他风俗

中国地域辽阔,人口众多,风俗各异,中秋节的过法也多种多样,并带有浓厚的地方特色。如在福建浦城,女子过中秋节时要穿行南浦桥,以求长寿。在建宁,中秋夜以挂灯为向月宫求子的吉兆。上杭县人过中秋,儿女多在拜月时请月姑。龙岩人吃月饼时,家长会在中央挖出直径二三寸的圆饼供长辈食用,意思是秘密事不能让晚辈知道,这个习俗源于月饼中藏有反元杀敌信息的传说。金门在中秋拜月前要先拜天公。

广东潮汕各地也有中秋拜月的习俗,主要是妇女和小孩,有"男不圆月,女不祭灶"的俗谚。晚上妇女们便在院子里、阳台上设案当空祷拜,桌上摆满佳果和饼食作为祭礼。当地还有中秋吃芋头的习惯,潮汕有俗谚:"河溪对嘴,芋仔食到"。八月间,正是芋的收成时节,农民都习惯以芋头来祭拜祖先。

8. 重阳节

农历九月九日,为传统的重阳节。因为古老的《易经》中把"六"定为阴数,把"九"

定为阳数,九月九日,日月并阳,两九相重,故叫重阳,也叫重九。古人认为这是个值得庆贺的吉利日子,并且从很早就开始过此节日。九九重阳,早在春秋战国时的《楚辞》中就提到了,屈原在《远游》里写道:"集重阳入帝宫兮,造旬始而观清都。"这里的"重阳"是指天,还不是指节日。三国时魏文帝曹丕在《九日与钟繇书》一文中则明确写出了重阳的饮宴,"岁往月来,忽复九月九日。九为阳数,而日月并应,俗嘉其名,以为宜于长久,故以享宴高会。"东晋陶渊明在《九日闲居》诗序中说:"余闲居,爱重九之名。秋菊盈园,而持醪靡由,空服九华,寄怀于言。"这里同时提到菊花和酒,大概在魏晋时期,重阳日已有了饮酒、赏菊的做法。到了唐代,重阳被正式定为民间的节日。明代,九月重阳,皇宫上下要一起吃花糕以庆贺,皇帝要亲自到万岁山登高,以畅秋志,此风俗一直流传至清代。

庆祝重阳节的活动一般包括出游赏景、登高远眺、观赏菊花、遍插茱萸、吃重阳糕、饮菊花酒等活动。九九重阳,因为与"久久"同音,九在数字中又是最大数,有长久、长寿的含意,另外,秋季也是一年中收获的黄金季节,重阳佳节,寓意深远,故人们对此节历来有着特殊的感情。1989年,我国将传统与现代巧妙结合,把每年的九月九日定为"老人节",这一天便成为尊老、敬老、爱老、助老的老年人的节日。自古保留下来的重阳节的习俗有以下几种。

（1）登高

在古代,民间在重阳有登高的习俗,故重阳节又称"登高节"。相传此习俗始于东汉。唐代文人写的登高诗有很多,大多是写重阳节的习俗,如杜甫的七律《登高》,就是写重阳登高的名篇。登高所到之处,没有统一的规定,一般是登高山、登高塔。

（2）吃重阳糕

据史料记载,重阳糕又称花糕、菊糕、五色糕,制无定法,较为随意。九月九口天明时,以片糕搭儿女头额,口中念念有词,祝愿子女百事俱成,乃古人九月做糕的本意。讲究的重阳糕要做成九层,状如宝塔,上面还做有两只小羊,以符合重阳(羊)之义,有的还在重阳糕上插一面小红纸旗,并点蜡烛灯,这大概是用小红纸旗代替茱萸,用"点灯""吃糕"代替"登高"的意思。当今的重阳糕,仍无固定品种,各地在重阳节吃的松软糕类都称为重阳糕。

（3）赏菊、饮菊花酒

重阳节正是一年的金秋时节,菊花盛开。据传赏菊

重阳糕点

及饮菊花酒,起源于东晋诗人陶渊明。陶渊明以隐居出名,以诗出名,以酒出名,也以爱菊出名,后人效之,遂有重阳赏菊之俗。民间还把农历九月称为"菊月",在菊花傲霜怒放的重阳节里,观赏菊花成了节日的一项重要内容。清代以后,赏菊之习尤为昌盛,且不限于九月九日,但仍然以重阳节前后最为繁盛。

（4）插茱萸、簪菊花

重阳节插茱萸的风俗,在唐代就已经很普遍了。古人认为在重阳节这一天插茱萸可以避难消灾,有人将茱萸佩带于臂,有人把茱萸放在香袋里面佩带在身上,还有人将茱萸插在头上。

茱萸大多是妇女、儿童佩带,有些地方男子也佩带。重阳节佩茱萸,在东晋葛洪的《西京杂记》中就有记载。除了佩戴茱萸外,也有头人戴菊花,唐代就已如此。

宋代,还有人将彩缯剪成茱萸、菊花来相赠佩带。清代,北京重阳节的习俗是把菊花枝叶贴在门窗上以"解除凶秽,以招吉祥",这是头上簪菊的变俗。

茱萸

除以上较为普遍的风俗外,各地还有些独特的过节形式。陕北过重阳在晚上,白天是一整天的收割、打场,晚上月上树梢,人们喜爱享用荞面熬羊肉。待吃过晚饭后,人们三三两两地走出家门,爬上附近山头,点上火光,谈天说地,待鸡叫才回家。夜里登山时,许多人都会摘几朵野菊花,回家后插在女儿的头上,以为之避邪。

也有一些地方的群众利用重阳登山的机会祭扫祖墓,纪念先人。莆仙人重阳祭祖者比在清明祭祖者多,故俗有"三月为小清明,重九为大清明"之说。

9. 寒衣节

寒衣节是农历十月一日,亦称"冥阴节"。人们在这一天要祭奠先亡之人,谓之送寒衣。寒衣节与春季的清明节、秋季的中元节并称一年中的三大"鬼节"。同时,这一天也标志着严冬的到来,所以也是父母爱人等为所关心的人送御寒衣物的日子。过寒衣节,必不可少的东西有三样:饺子、五色纸、香箔。准备供品一般在上午进行,供品张罗好后,再买一些五色纸及冥币、香箔备用。五色纸乃红、黄、蓝、白、黑五种颜色,薄薄的,有的中间还夹有棉花,准备好这些物品后,就可以祭奠亲人,为其送去寒衣了。

10. 冬至节

冬至,是我国农历中一个非常重要的节气。冬至节俗称"冬节""长至节""亚岁"等,也是我国汉族的一个传统节日,至今仍有不少地方有过冬至节的风俗。冬至是北半球全年中白天最短、黑夜最长的一天。过了冬至,白天就会一天天变长。冬至是二十四节气中最早被制定出的一个节气,时间在每年的阳历 12 月 21 日至 23 日之间。

我国古代对冬至很重视。冬至常被当作一个重大节日,曾有"冬至大如年"的说法,且古代就有庆贺冬至的习俗。《汉书》中说:"冬至阳气起,君道长,故贺。"人们认为,过了冬至,白昼一天比一天长,阳气回升,是一个节气循环的开始,也是一个吉日,应该庆贺。《晋书》上记载有"魏晋冬至日受万国及百僚称贺……其仪亚于正旦",说明了古人对冬至日的重视。古人认为,到了冬至,虽然还处在寒冷的季节,但春天已经不远了,这时外出的人都要回家过冬至节,表示年终有个归宿。另外,民间往往以冬至日天气的好坏与来到的先后预测往后的天气。俗语说:"冬至在月头,要冷在年底;冬至在月尾,要冷在正月;冬至在月中,无雪也没霜。"

如今,一些地方仍把冬至节作为一个重要的节日来过,北方地区有冬至宰羊、吃饺子、吃馄饨的习俗,南方地区在这一天则有吃冬至米团、冬至长线面的习俗,某些地区的人们在冬至这一天还有祭天祭祖的习俗。

饺子

11. 腊八节

腊八节又称腊日祭、腊八祭、王侯腊或佛成道日,原来是古代欢庆丰收、感谢祖先和神灵(包括门神、户神、宅神、灶神、井神)的祭祀仪式。除祭祖敬神的活动外,人们还要驱疫,这项活动来源于古代的傩(古代驱鬼避疫的仪式)。腊八节这天,我国大多数地区都有吃腊八粥的习俗,腊八粥内除大米、小米、绿豆、豇豆、花生、大枣等原料外,还要加莲子、核桃、栗子、杏仁、松仁、桂圆、榛子、葡萄、白果、菱角、青丝、玫瑰、红豆等材料。

腊八粥

我国喝腊八粥的历史,已有 1 000 多年,最早开始于宋代。每逢腊八这一天,无论是朝廷、官府、寺院还是黎民百姓家都要做腊八粥。到了清代,喝腊八粥的风俗更是盛行。在宫廷,皇帝、皇后、皇子等都要向文武大臣、侍从宫女赐腊八粥,并向各个寺院发放米、果等供僧侣食用;在民间,家家户户也要做腊八粥,以祭祀祖先,或合家团聚在一起食用,或馈赠亲友。中国各地腊八粥争奇竞巧,品种繁多。

二、少数民族传统节日及风俗

我国自古以来就是一个多民族国家,除了汉族有许多的节庆文化外,各少数民族也有许多丰富的节日民俗。例如,维吾尔族的节日有肉孜节、古尔邦节;壮族信仰多神,节日有中元节、牛魂节;土家族的节日有赶年、四月八、六月六、大端午、七月十五。我国少数民族有着多姿多彩的民族节日,并各具特色。我国影响较大的少数民族节日主要包括开斋节、古尔邦节、圣纪节、泼水节、旺果节、火把节、那达慕大会、花儿会、三月三歌会等。

1. 开斋节、古尔邦节、圣纪节

开斋节、古尔邦节、圣纪节是伊斯兰教的三大节日,是信奉伊斯兰教的回族、维吾尔族、哈萨克族、乌孜别克族、东乡族、保安族、撒拉族等少数民族的盛大节日。穆斯林按教义规定,在每年的斋戒月(伊斯兰教历九月,公历为六月左右)期间,除特殊情况的人(如小孩、老弱病人、孕妇等)外,其他人必须静心寡欲,白天戒绝饮食,黄昏后才吃斋饭,直到最后一天的晚上看到新月为止。开斋节是阿拉伯语"尔德·菲土尔"的意译,所以也称"尔德节",在新疆还有"肉孜节"的叫法。据说这是为了体会饥渴的滋味,以培养节约的良好习惯和对穷人的同情心。穆斯林沐浴净身后穿上洁净的衣服,在清真寺举行"会礼",然后走亲访友,互相道贺,互赠礼品。同时,穆斯林还要给已经亡故的亲人"走坟",捐助贫困的人。

古尔邦节,又称"宰牲节",在伊斯兰教历十二月十日,即开斋节后的第七十天举行。据伊斯兰教经典记载,"先知"易卜拉辛做了一个梦,梦见安拉(真主)让他杀掉自己的儿子伊斯玛仪献祭,以考验他对安拉是否忠诚,易卜拉欣遵照安拉的命令正要杀自己的儿子时,安拉又命其以羊代替。穆斯林继承了这一传统,每逢这一天,有经济能力的穆斯林都要宰羊杀牛,并分赠给亲友。同时,在宰牲前要先沐浴洁身,到清真寺参加会礼。

圣纪节又称"圣忌节",在伊斯兰教历每年的三月十二日举行,是纪念伊斯兰教创始人穆罕默德诞生的日子。纪念活动一般在清真寺举行,在活动中要诵经演说、讲述圣绩。有的地方还在这一天举行盛大的尔麦里会(善事宴会)。穆斯林宴请宾客聚集在清真寺诵经赞圣,讲述穆罕默德的生平事迹,并在会餐后走访亲友,互赠礼品。

2. 泼水节

傣族的泼水节源于印度,曾经是婆罗门教的一种宗教仪式,后为佛教所吸收,经缅甸传入云南傣族地区。泼水节为傣历新年的庆祝活动,一般在阳历 4 月 13 日至 15 日。届时人们先至佛寺浴佛,然后互相泼水,用飞溅的水花表达真诚的祝福。泼水节的活动内容丰富,除斗鸡、跳孔雀舞外,节日来临之时,家家还要缝新衣,买新伞,备办节日盛装,还要杀猪宰牛做年糕,准备丰盛的年饭,宴请亲朋好友。泼水节现场,人们身着盛装,喜气洋洋,场面极为热烈。

泼水节

3. 旺果节

藏族旺果节是西藏人民预祝丰收的节日,一般在秋收前选择吉日举行,庆祝时间一天到三天不等。节日期间,人们穿着节日盛装结队骑马在田间巡游,或聚在一起,在林间草地搭起帐篷,铺上彩垫,摆出酸奶和各种丰美的食品,互相敬酒尽情欢乐,唱歌跳舞预祝丰收。旺果节时还举行赛马和射箭等文体活动,其中,拾哈达节目最吸引观众,骑手们在规定路程中策马飞驰,边跑边拾赛场上放着的哈达,看谁跑得快、拾得多。

4. 火把节

火把节是彝族、白族、纳西族、基诺族、拉祜族等少数民族古老且重要的传统节日,有着深厚的民俗文化内涵,被称为"东方的狂欢节"。不同的民族举行火把节的时间也不同,大多是在农历的六月二十五日至二十七日,主要活动有斗牛、斗羊、斗鸡、赛马、摔跤、表演歌舞等。火把节第一天:祭火。在夜幕降临时,临近村寨的人们在老人们选定的地点搭建祭台,以传统方式击石取火,点燃圣火,并由毕摩(彝族民间祭司)诵经祭火,然后家家户户、大人小孩都会从毕摩手中接过用蒿草扎成的火把驱邪。火把节第二天:传火。这一天,家家户户都聚集在祭台圣火下,举行各式各样的传统节日活动。小伙们效仿传说中的阿体拉巴,赛马、摔跤、唱歌、斗牛、斗羊、斗鸡;姑娘们效仿传说中的阿诗玛,身着美丽的衣裳,撑起黄油伞,唱起"朵洛荷",跳起达体舞;年长的老人们则按照传说中阿体拉巴勤劳勇敢、英武神俊和阿诗玛善良聪慧、美丽大方的标准,从小伙、姑娘中选出一年一度的俊男和美女。火把节第三天:送火。这是整个凉山彝族火把节的高潮。这一天,夜幕降临时,人人都会手持火把,竞相奔走。最后,人们将手中的火把聚在一起,形成一堆堆巨大的篝火。欢乐的人们聚在篝火四周尽情地歌唱、舞蹈,场面极为壮观。

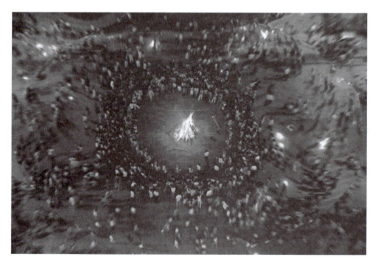

火把节

5. 那达慕大会

那达慕大会是蒙古族人民具有鲜明民族特色的传统活动,也是蒙古族人民喜爱的一种传统体育活动形式,其中以锡林郭勒盟的那达慕大会最具代表性。"慕"是蒙语的译音,意为"娱乐、游戏",以表示丰收的喜悦之情。每年农历六月初四开始的那达慕大会,是草原上一年一度的传统盛会。那达慕大会已有近800年的历史,一直在锡林郭勒草原上流传和发展,深受各族群众的喜爱,成为蒙古族文化传统的重要载体。那达慕大会上的各项活动都是力与美的显现,体能和智慧的较量,速度和耐力的比拼,比较全面地展示了在草原上生活的群众的综合素质。古代和近代的那达慕盛会都要进行男子"三艺"(摔跤、赛马和射箭)竞技比赛。

那达慕大会上赛马现场

6. 花儿会

"花儿"又称少年,是流传在青海、甘肃、宁夏等省区的一种民间歌曲。"花儿会"是回族、土族、东乡族、撒拉族、保安族、裕固族等少数民族的传统歌会。"花儿会"比兴起句生动形象,格律严格,歌词优美,曲调时而高亢、时而婉转。在宁夏,几乎随处都能听到"花儿",但最有民俗特点的是每年农历四、五、六月间的"花儿会",相传已有两三百年的历史。"花儿会"各地会期不一,其中以六月初六莲花山(甘肃)及五峰山(青海)的"花儿会"规模最大。会场上搭有歌台,歌手登台比赛,优胜歌手被披上红绸带作为奖赏。"花儿会"期间,远近的百姓都会登山会歌,人数常达上万,届时人们撑着伞,摇着扇,或拦路相对,或席地而坐,歌词多为即兴创作,极具生活气息。"花儿会"主要活动内容包括拦歌、对歌、游山、敬酒、告别等。"花儿会"也是青年男女选择对象的极妙场合。届时,他们将以歌为媒,向对方表白心迹。

"花儿会"现场

7. 三月三歌会

农历三月初三,是广西壮族群众一年一度的民歌盛会。在百色、河池、柳州、南宁四个壮族聚居的地区,歌会活动丰富多彩。这一天,家家户户都要准备丰盛的节日食品,青年男女穿着节日盛装,带上五色糯饭、彩蛋等食品,女青年还带着精心缝制的绣球,从四面八方涌向歌圩尽情对唱。歌曲一般以爱情为主题,也有历史、生产、风俗、生活常识等方面的内容。对歌的形式有男女个人对唱和集体对唱,具体有见面歌、邀请歌、盘歌、爱慕歌、盟誓歌、送别歌等。壮族青年能歌善唱、出口成歌,遇上对手能对唱一天一夜,赛得难解难分。歌节上青年男女还常用抛绣球、碰彩蛋等形式择偶定情。此外,歌会上还举行舞龙、舞狮、演戏等文体活动,也有部分地方群众在三月初三这天祭扫祖墓、踏青郊游。三月三歌会流传至今,已有上千年历史,其民族性、多样性的节日内容与形式,充分反映了壮族人民的聪明才智、理想追求以及健康向上的审美情趣。

我国少数民族众多,其节庆活动更是多姿多彩。由于所处地理环境不同,文化传统不同,所以南方与北方少数民族的节庆活动也不尽相同。我国黄河以北地区深受农耕文化影响,所以节庆活动多以庆祝丰收为主,期盼来年风调雨顺。长江以南地区因为受地形的限制,在古代并不是主要的农业区,尤其是西南地区交通闭塞,所以原始文化保存得较为完整,大都保留着一些原始的祭祀习俗和庆祝活动。节庆习俗是历史的一面镜子,通过对各地区少数民族节庆的认识,可以加深我们对中国传统文化的认识和反思。

第五节　中国传统礼仪制度

中国素以"礼义之邦""文明古国"著称于世。中国古代,礼仪是一整套大到国家政治体制、朝廷法典,小到婚丧嫁娶、待人接物的烦琐、细密、等级森严、包罗万象的文化思想体系和政治体系。这个完整的伦理道德、生活行为规范构成了一种"文化",即礼仪文化。礼仪要求人们在社会活动中的行为按规定的或约定俗成的程序、方式来进行。

"礼"的产生,可以追溯到远古时代。首先,礼是人类协调主客观矛盾的需要。自然的人伦秩序是礼产生的最原始动力,人们为生存和发展而相互依赖,逐步积累和自然约定出一系列"人伦秩序",这是最初的"礼"。后又有"圣贤之人"(如黄帝、尧、舜、禹等)为"止欲制乱"而制礼,身体力行为民众做榜样,从而使礼在"维稳制乱"中发挥了作用,也正因如此,人们更加遵礼、尚礼。其次,礼起源于原始的宗教祭祀活动。远古时代,社会生产力水平低下,人们认识自然的能力低下,无法解释和征服自然现象与自然力,于是人们把关于人的灵魂观念扩大到他们所接触的自然界万物,从而产生了"万物有灵"的观念,开始用原始宗教仪式等手段来影响神灵,如祭祀、崇拜、祈祷等,期望以虔诚感化和影响自然神灵,使其多赐福少降灾。由此,原始的"礼"便产生了。

按荀子的说法,礼有"三本",即"天地生之本""先祖者类之本""君师者治之本"。在礼仪中,丧礼产生最早。丧礼于死者是安抚其鬼魂,于生者是分长幼尊卑、尽孝正人伦的礼仪。礼仪在建立与实施过程中,孕育了中国的宗法制。礼仪的本质是治人之道,是鬼神信仰的派生物,人们认为一切事物都由看不见的鬼神操纵,履行礼仪即是向鬼神讨好求福。因此,礼仪源于鬼神信仰,也是鬼神信仰的一种特殊表现形式。"三礼"(《仪礼》《礼记》《周礼》)的出现标志着礼仪的发展走向成熟。宋代时,礼仪与封建伦理道德说教相融合,即礼仪与礼教相杂,成为实施礼教的得力工具之一。礼在中国古代是社会的典章制度和道德规范。作为典章制度,它是社会政治制度的体现,用以维护上层建筑以及与之相适应的人与人交往中的礼节仪式。在长期的历史发展中,礼作为中国社会的道德规范和生活准则,对中华民族精神的素质修养起着重要作用。

一、吉礼

吉礼即祭祀之礼,为"五礼"之首。古人普遍认为,祭祀能给自己带来福祉,是国家的大事,所谓"礼有五经,莫重于祭"(《礼记·祭统》),"国之大事,在祀与戎"(《左传·成公十三年》)。吉礼主要包括祀天、祭地、宗庙祭祀和其他祭祀。

1. 祀天

祀天就是对天帝侍奉、享献的仪式。五行与五方、五色、四季、五人神、五人帝等一一相配,构成了我国古代祭祀大典的基本内容。

天在古人眼里不仅是自然万物的缔造者,而且是社会秩序的维护者。古文献记载,虞舜、夏禹时代已有祭天之礼。周代,天帝的形象被人格化,周王被称为"天子",即作为天的儿子,代表天来统治人民。只有周王才有祭天的资格,其他各级君主虽也崇拜上天,但只能采取不同形式助祭。

"圜丘祀天"——周代祭天的正祭。圜丘是一个圆形的祭坛。古人认为天圆地方,所以建圆形的祭坛祭天,建方形的祭坛祭地。"圜丘祀天"于每年的冬至日在国都南郊举行,故又称"郊祀"。祀天是我国古代最隆重的政治宗教活动,祀天之日,天子身着饰有日、月、星、辰、山、龙等图案的衮服,外着大裘,头戴前后垂有十二旒的冕,腰插大圭,于清晨率百官来到郊外。鼓乐声中,天子手持镇圭,面向西方,立于圜丘东南侧,报知天帝降临享祭。然后,由周天子牵着献给天帝的牺牲,将其宰杀后和玉帛等祭品一起放在柴垛上,天子点燃积柴,烟火高高升腾于天,让天帝嗅到气味,称为"燔燎"。随后,由活人扮演的作为天帝化身的"尸"登上圜丘,代表天帝接受祭享。待"尸"在盛放玉帛等祭品的礼器前就坐后,先向其献牺牲的鲜血,随后依次献五种质量不同的酒及全牲、大羹(肉汁)、刑羹(加盐的菜汁)、黍稷等。

祭毕,天子与舞队同舞《云门》之舞。祭祀者分享祭祀用的酒醴,称为"饮福";天子把祭祀用的牲肉分赐给宗室臣下,称为"赐胙"。

周代时,除常规的冬至日祭天外,也有临时性的目的明确的"郊祀",在遇建都、征伐等重大事件时举行。后代祀天之礼大多依周礼而定,少有变通。秦汉时期行三年一郊之礼,而唐时祀天一年四次,祭祀时以神主或神位牌代替由活人扮演的"尸"。后世在祭祀活动中出现了天地合祭的趋势。

2. 祭地

大地吐生万物,哺育人类。在以农为本的中国古代,对百姓来说,土地是其生活可依赖的唯一的重要的生活资料,百姓视土地为人类和万物的母亲,故有"父天而母地"的说法,并将其作为神灵来崇拜;对统治者来说,土地的占有是其获取政治权力的基础。所以,祭地同祀天一样成为国家典章制度中最重要的内容。

方丘祭地——祭祀地神的正祭。古文献中的土地神称作"地祇"或"社",祭礼称作"宜"。方丘,即四周环水的方形祭坛,象征四海环绕大地。每年夏至日,在国都北郊水泽之中的方丘举行祭地大典。祭地礼仪与祭天礼仪大致相同，只是祭地不用燔燎而用瘗埋，即挖坎穴把祭品埋入土中。祭地所用牺牲取黝黑之色，玉为黄琮，取黄色象土、方形象地之意。

望祭——祭祀名山大川。祭祀山川，亲至其地而祭，称为"祭"；因山川距离遥远，远望山川而祭之，则称为"望"。古代祭祀山川，多在国都四郊各建一坛，望祀一方的名山大川。古代的名山大川主要有"五岳"（东岳泰山、西岳华山、南岳衡山、北岳恒山、中岳嵩山）、"四渎"（江、济、河、淮）、"四海"（东海、南海、西海即青海湖、北海即贝加尔湖）。正祭之外，国家遇有大事，如重大军事行动、凶灾变异等，也要举行望祭。

封禅——古代帝王于泰山上祭告天地的典礼。"封"指在泰山上筑土为坛以祀天，以报天之功；"禅"指在泰山下小山（指梁父）上祭地，以报地之功。"封禅"是古代特别隆重而又难得举行的祭祀天地的大典，只有改朝易代或帝王自认为世治国盛之时才有可能举行。由于这一隆重的典礼要耗费巨大的人力、物力，所以历史上行封禅之礼的帝王屈指可数。有确凿史料记载的封禅帝王只有秦始皇、汉武帝、汉光武帝、唐玄宗、宋真宗等人。除泰山外，历史上只有武则天于天册万岁二年（696年）登封嵩山，禅于少室。

泰山岱庙内的帝王封禅壁画

祭社稷——古代吉礼的一种。"社"代表土地神，"稷"为谷神。古代中国以农业为本，土地及谷是最重要的原始崇拜物。新石器社会中期的母系氏族时代已出现社稷祭祀，西安半坡仰韶文化遗址曾发现用陶罐盛满黍稷埋在土中献祭土地神的遗迹。至周代，社稷神成为仅次于昊天上帝的重要神祇，祭社稷也成为国之大典。《周礼》中说："建国之神位，右社稷，左宗庙。"建国以社稷为先，"社稷"成为国家的代名词。天子与诸侯每年春季祭祀社稷,祈求丰年;秋季祭祀,表示道谢。

3. 宗庙祭祀

在宗法制度影响下,敬天祭祖成为中国古代社会精神生活的大事。周代已确立了宗庙祭祀制度,《社记·王制》中记载:"天子七庙,三昭三穆,与太祖之庙而七;诸侯五庙,二昭二穆,与太祖之庙而五;大夫三庙,一昭一穆,与太祖之庙而三;士一庙,庶人祭于寝"。所谓"昭""穆",是指宗庙中位次的排列,始祖以下,父曰昭,子曰穆,依次左右排列下去。对于除始祖之外的渐渐远去的"亲尽",则实行"毁庙"制度,即把远祖的神主移入"祧庙",藏在石函或专设的房间里,合祭时才拿出来与其他的远近祖先一起进行总祭。南宋以后,随着宗族祠堂制度的出现,祭祖活动更加分散和放宽。清代,庶人可以祭父、祖、曾、高四代祖先。

古代祭祀行礼非常严格,有"九拜"之礼:一曰稽拜,二曰顿拜,三曰空首,四曰振动,五曰吉拜,六曰凶拜,七曰奇拜,八曰褒拜,九曰肃拜。稽拜是跪下后两手着地,引头至地,并停留一段时间,是"九拜"中最重的礼节;顿拜是引头至地,稍顿即起,是礼拜中次重者;空首是两手拱地,引头向地而不着地,是礼拜中较轻者;振动是两手相击,振动其身而拜;吉拜是立拜以后再稽拜;凶拜是稽拜以后再立拜;奇拜是屈一膝而拜;褒拜是回报他人行礼的拜礼;肃拜是俯身行拱手礼。前三种为正拜,后六种是前三种的变通。

4. 其他祭祀

我国古代祭祀名目繁多,除以上三类外,列入国家祀典的重要祭祀还有以下几种。

（1）祀先王、先圣、先师

此指对传说中的三皇五帝等有功于民者的祭祀。《礼记·曲礼》中记载:"法施于民则祀之,以死勤事则祀之,以劳定国则祀之,能御大灾则祀之,能捍大患则祀之。"祭祀先圣先师,初为立学之礼,未有特定之人,汉魏以后逐渐以周公为先圣,以孔子为先师。唐朝定孔子为先圣,颜回为先师。元代,孔子之后袭封衍圣公,天下郡学书院皆修孔庙以时祀之。

（2）祀先蚕礼

养蚕及缫丝织绸的技术都源自中国。在我国古代,帝王祭祀农桑是很重要的一环。按照男耕女织的传统习惯,每年春季,皇帝要在先农坛"亲耕",皇后则要在先蚕坛"亲桑",以此为天下的黎民百姓做出表率。天子后妃于仲春二月以少牢祭祀先蚕神,三月朔率内外命妇于北郊,亲桑事,以鼓励蚕桑生产。历代所祀蚕神各有不同,后齐以黄帝为先蚕,后周以嫘祖为先蚕。

（3）媒神之祭

对媒神的敬仰源自远古,因时代和各民族信仰的不同而存在差异。夏人所祀媒神为深山氏(女娲);殷商人所祀媒神为简狄;周人所祀媒神为姜源。古代各民族或部落所祀的媒神,几乎都是该民族的先妣,侧面反映了远古母氏社会以女性为中心的历史。先秦时期,天子亲自主持对媒神的敬祀,仪式隆重,究其实质,是对祖先拜祭的表达形式。媒神传说是主宰婚姻与生殖之神,所以敬祖重嗣必祭高媒。周代,周天子率妃嫔于仲春二月祭祀媒神。

二、嘉礼

嘉礼是和合人际、联络感情之礼。其主要内容有六:一曰饮食,二曰婚冠,三曰宾射,四曰飨燕,五曰脤膰,六曰庆贺。《周礼·春官·大宗伯》中记载:"以嘉礼,亲万民。以饮食之礼,亲宗族兄弟;以婚冠之礼,亲成男女;以宾射之礼,亲故旧朋友;以飨燕之礼,亲四方之宾客;以脤膰之礼,亲兄弟之国;以贺庆之礼,亲异姓之国。"

1. 飨燕之礼

"燕"通"宴","飨"即用酒食招待客人,泛指请人受用,同"享"。飨燕,即宴饮之礼。燕飨之礼,是古时王室以酒肉款待宾客之礼。飨礼在太庙举行,虽设酒肉,但并不真的吃喝,牛牲"半解其体",也不煮熟,不能食用。飨礼规模宏大,重在仪式,用以明君臣之义、贵贱等差。燕礼在寝宫举行,烹狗而食,主宾献酒行礼之后即可开怀畅饮。秦汉以后,一般在朝会(正月初一)、圣诞(皇帝诞辰)等所谓大庆、大礼之时举行"大宴"。重要节日,如立春、上元、寒食、端午、七夕、中秋、重九等,皇帝也常赐宴,称为"节宴"。"大宴"气氛较严肃,"节宴"则轻松活泼,常在园林楼阁举行。

宴

2. 冠笄之礼

我国古代的成年仪礼,主要是"冠礼"和"笄礼"。"冠礼"是指男子的成年仪礼,"笄礼"则指女子的成年仪礼。囿于男尊女卑的传统偏见,古人在言及成年仪礼时,一般只称"冠礼"。"凡人之所以为人者,礼义也。礼义之始,在于正容体、齐颜色、顺辞令,容体正、颜色齐、辞令顺,而后礼义备。以正君臣、亲父子、和长幼,君臣正、父子亲、长幼和,而后礼义立。故冠而后服备,服备而后容体正、颜色齐、辞令顺。故曰,冠者礼之始也。"(《礼记·冠义》)男子加冠后就被认为成年男子,从此有执干戈以卫社稷等义务,同时也有了娶妻生子等成年男子所拥有的权力。男子行冠礼的年龄,一般为 20 岁。加冠在古代是一件人生大事,一般在宗庙里举行,由父或兄主持。冠礼前,要以蓍草占卜,选定加冠的良辰吉日。冠礼时,"宾"(主持人)要给受冠者加三种形式的冠:首先加缁布冠(用黑麻布做成),表示从此有治人特权;其次加皮弁(用白鹿皮制成),表示从此要服兵役;最后加爵弁(用葛布或丝帛做成),表示从此有生人之权。加冠后,"宾"还要给冠者取"字"。

男子二十而冠,女子十五而笄。古代女子在 15 岁许嫁时举行的成人礼仪叫"笄礼"。笄礼由女性家长主持,负责加笄的是女宾。女宾将笄者头发挽成发髻,盘在头顶,然后著髻,加笄后也要取"字"。女子到了 20 岁,即便仍未许嫁,也要举行笄礼。

笄礼

3. 宾射之礼

射即射箭。射箭是原始人类征服野兽、抵御外敌的重要手段,后来逐渐演变成以比试射箭来娱乐宾客的习俗。周人射礼有四种:大射、宾射、燕射、乡射。大射是天子、诸侯祭祀前为选择参加祭祀的贡士而举行的射礼;宾射是诸侯朝见天子或诸侯相会时举行的射礼;燕射是天子与群臣宴饮之时举行的射礼;乡(飨)射是地方官为荐举贤能之士而举行的射礼。射者要目的明确,姿势和谐,容仪进退要合乎礼节,动作要和于乐歌节奏。

如果庭院不够宽敞,不足以张弓比箭,便以"投壶"代替弯弓。《礼记·投壶》中说:"投壶者,主人与客燕饮讲论才艺之礼也。"主宾手执箭矢,投入壶中者为胜。春秋时期,此礼盛行一时。《左传·昭公十二年》记载,晋侯齐侯投壶宴饮,晋侯先投,中行穆子致词说:"有酒如淮,有肉如坻,寡君中此,为诸侯师",遂一投而中。齐侯投时,执矢祝到:"有酒如渑,有肉如陵,寡人中此,与君代兴",也一投而中。

宾射之礼

投壶

4. 乡饮酒礼

乡饮酒礼古代嘉礼的一种，也是汉族的一种宴饮风俗，是一种起源于上古氏族社会的集体活动。《吕氏春秋》认为此礼是古时乡人因时而聚会，在举行射礼之前的一种宴饮仪式。周代时，以致仕之卿大夫为乡饮酒礼的主持人，贤者为宾，其次为介，再次为众人。仪式严格区分尊卑长幼，升降拜答。《礼记·射义》中说："乡饮酒之礼者，所以明长幼之序也。"乡饮酒礼是敬贤尊老之礼，是古代地方行政管理工作的一项重要内容。历代常以乡饮酒礼作为推行教化的手段。汉代时,乡饮酒礼与郡县学校祀先圣先师之礼同时举行。唐代科举取士以后,地方长吏即以乡饮酒礼招待,后世发展为鹿鸣宴。

乡饮酒礼

明清时期,乡饮酒礼在孟春正月及孟冬十月举行,并伴有"读律令"和训诫致词的内容,统治阶级借此对民众加强控制的目的更为明显。

三、宾礼

宾礼即接待宾客之礼。《周礼》中说:"以宾礼亲邦国。"宾礼是用来加强王朝与诸侯国以及诸侯国与诸侯国之间联系的礼仪。后世也将皇帝遣使蕃邦,外来使者朝贡、觐见及相见之礼,与藩主会同之礼等归入宾礼。

1. 朝觐之礼

朝觐之礼是指诸侯藩国朝见天子的礼仪。诸侯拜见天子,春季曰"朝","以图天下大事";夏季曰"宗","以陈天下之谟";秋季曰"觐","以比邦国之功";冬季曰"遇","以协诸侯之虑"。朝觐之礼意在明君臣之义,通上下之情。王畿之内的诸侯,每年四次朝觐。畿外诸侯分为"六服":侯服、甸服、男服、采服、卫服、要服,从一年一见到六年一见。九州之外谓之藩国,一世一见。但这只是一种理想状态,实际上历代并未严格照此执行。

2. 会同之礼

会同之礼是四方诸侯藩主一同来朝见天子的礼仪。会同之前,诸侯先告祭宗庙、社稷、山川。会同之时,天子先向诸侯三揖行礼,而后率诸侯拜日、盟誓等。礼毕,天子宴飨诸侯,或行宾射之礼。春秋战国时期诸侯国征战不休,因政治需要,这一时期常伴有"会盟"。

公元 821 年(唐穆宗长庆元年,吐蕃彝泰七年),唐朝和吐蕃双方派使节,先在唐京师长安盟誓,次年又在吐蕃逻些(拉萨)重盟。公元 823 年,两方将盟文刻石立碑,用汉藏两种文字对照,树于拉萨大昭寺门前,即历史上有名的"甥舅和盟碑",也称"唐蕃会盟碑"或"长庆会盟碑"。它是汉藏两大民族团结、友好的历史见证。

唐蕃会盟碑

3. 相见之礼

《仪礼》中有《士相见礼》,以士礼为主,记载了士、大夫及庶人相见之礼。秦汉至宋,各朝均无相见礼。宋太祖乾德二年(964 年)定立群臣相见之礼,下级见上级,按职官分别行礼;途中相见,下级"敛马侧立",等候上级通过,或"回避"分路而行;同级相见,行对拜礼;下级参拜上级,上级官员要答拜(如品级相差较多,则上级无须答拜)。明代官员之间行揖礼;公、侯、驸马相见行两拜礼;庶人相见,依长幼行礼,幼者先施礼。清代王公相见,宾主二跪六叩行礼;官员之间再拜行礼;庶人相见行揖礼。

揖礼

四、军礼

军礼是指军队征战、操练之礼。《周礼》所讲的军礼包括"大师之礼""大均之礼""大田之礼""大役这礼""大封之礼"。"大师之礼",指召集整顿军队出师之礼;"大均之礼",指校正户口,调节赋役征收之礼;"大田之礼",指检阅车马人众,定期狩猎之礼;"大役之礼",指营建土木工程之礼;"大封之礼",指整修道路、疆界、沟渠之礼。

1. 征战之礼

"征战之礼"即"大师之礼"。古代军队出征,有天子亲征和命将出征两种。天子亲征前,要举行祭告天地、宗庙、军神、军旗、道路等祭祀活动,以示此次征伐乃受命于天地、祖宗之意,并祈求得到神灵护佑。祭祀完毕,举行誓师典礼。如果是命将出征,君王要在太庙召见全军将士,并授节钺于大将以节制全军。

出征前祭天称"类祭",在郊外以柴燔燎牲、币等,把即将征伐之事报告天帝,表示恭行天罚,以天帝的名义去惩罚敌人。古代干支纪日有刚日、柔日之分,甲、丙、戊、庚、壬为刚日,刚日属阳,外事须用刚日。出征前祭地称"宜社",社是土地神,征伐敌人是为了保卫国土,所以称"宜"。后代多将祭社(狭义指本国的土地神)、祭地(地是与天相对而言的大地之神)、祭山川湖海同时举行。祭社仍以在坎穴中瘗埋玉币牲犊为礼。出征前告庙称"造祢","造"就是告祭的意思,祢本是考庙,但后代都告祭于太庙,并不限于父庙,告庙有受命于祖的象征意义。祭军神、军旗称为"杩(ma)祭"。杩祭既要祭牙旗,也要祭六纛,建坛位,张帷幄,设旗、纛神位,掘坎埋瘗,礼仪更加复杂。

祭祀礼毕,出征的军队有誓师典礼,一般是将出征的目的与意义告知将士,揭露敌人的罪恶,强调纪律与作风,也就是一次战前动员和教育。

2. 检阅之礼

检阅之礼是指君主亲自检阅军队训练之礼。比如,在位者和诸侯在均土地、征赋税时举行军事检阅以安抚民众的"大均之礼",国家在兴办筑城邑、建宫殿、开河、造堤等大规模土木工程时所举行的"大役之礼",在各个诸侯国勘定国与国、私家封地与私家封地间的疆界并树立界碑后所举行的"大封之礼"均属于此类。

3. 田猎之礼

田猎之礼即"大田之礼"。古代之所以把田猎之礼列入军礼,是因为古代田猎是一项具有军事意义的活动。《左传》记载,周代四时田猎,春曰"蒐"、夏曰"苗"、秋曰"狝"、冬曰"狩"。田猎必须遵守的礼规:不捕幼兽,不采鸟卵,不杀孕兽,围猎捕杀要围而不合,留有余地,不能一网打尽。这些礼规对于保护自然界的生态平衡有积极意义。清代宫廷画家顾贝龙的《狩猎图》,较形象地表现了当时的田猎场景。

顾见龙《狩猎图》

五、凶礼

凶礼是指用于吊慰家国忧患的礼仪活动。凶礼主要有五项,即丧礼、荒礼、品礼、禬礼、恤礼。《周礼·春官·大宗伯》说:"以凶礼哀邦国之忧。以丧礼哀死亡,以荒礼哀凶札,以吊礼哀祸灾,以禬礼哀围败,以恤礼哀寇乱。"在五项"凶礼"中,丧礼最为重要。

1. 荒礼

荒礼是指自然灾害引起欠收、损失和饥馑后,国家为救荒饿而采取的政治礼仪措施。《周礼》全面系统地记录了荒礼的内容:"一曰散利,二曰薄征,三曰缓刑,四曰弛力,五曰舍禁,六曰去畿,七曰眚礼,八曰杀哀,九曰蕃乐,十曰多婚,十有一曰索鬼神,十有二曰除盗贼。"散利是给灾民以救济,主要有周、贷、粜三项措施。周即周济,无偿赈济;贷即借贷;粜即平价卖粮。薄征指减免或缓征租赋。缓刑即灾荒之时为饥寒所迫者容易触犯法律,所以执法应适当宽缓。弛力即减免徭役。舍禁指允许灾民到国有山林川泽樵采渔猎。去畿即放松关卡之征,使各地互通有无,丰凶相救。眚礼指减省庆贺、祭祀等礼仪或其中的某些仪式。杀哀主要指减省丧礼的礼仪规格。蕃乐即罢去声乐等娱乐活动。多婚即减省婚娶礼仪,鼓励婚配,以补充因受灾而减少的人口。索鬼神即找出与凶荒有关的鬼神给予祭祀。除盗贼即镇压农民暴动或图财害命的盗贼。

2. 札礼、吊礼、禬礼、恤礼

札礼指的是防疫病之礼。凶荒之年往往有疾病发生,札礼重在及时葬死救病,减少疾病流行。古代统治阶级常常对凶荒岁月中的病死者周济棺木或丧葬钱。北宋还建有"漏泽园",用以埋葬病死者。吊礼是指祸灾发生后的相互慰问之礼。禬礼是指诸侯国由于外来侵略、内部动乱或灾祸而蒙受经济、财产、人员损失时由天子或盟国汇集财货予以救助之礼。恤礼是指天子派使者慰问、存恤之礼。

课堂感悟

1.简述中国传统服饰文化的演变过程。
2.简述中国传统饮食文化在传统文化中的地位和作用。
3.概述不同历史时期的不同建筑风格。
4.简述汉族传统节日及风俗。
5.你觉得传统礼仪对中国传统文化有哪些积极作用?

推荐书目

1.高春明:《中国服饰浅话》。
2.楼庆西:《中国古建筑二十讲》。
3.赵荣光:《饮食文化概论》。
4.杨景震:《中国传统岁时节日风俗》。
5.贺璋瑢,王海云:《中华传统礼仪》。

参考文献

［1］龚贤 . 中国传统文化概论 [M]. 广州：世界图书出版公司，2011.

［2］张建 . 中国传统文化 [M]. 北京：高等教育出版社，2014.

［3］张准 . 中国文化读本 [M]. 北京：外语教学与研究出版社，2016.

［4］黄晓利,赵洪波 . 中国传统文化概观 [M]. 成都：西南交通大学出版社，2014.

［5］潘莉莉 . 中国传统文化 [M]. 北京：中国人民大学出版社，2017.

［6］曹晓宏 . 中国传统文化指要 [M]. 成都：西南交通大学出版社，2017.

［7］夏宇旭,王国君 . 中国传统文化导论 [M]. 北京：清华大学出版社，2013.

［8］胡恒庆 . 中国传统文化 [M]. 北京：中国人民大学出版社，2017.

［9］冯希哲 . 中国传统文化概要 [M]. 北京：中国人民大学出版社，2016.

［10］朱筱新 . 中国传统文化 [M]. 北京：中国人民大学出版社，2014.